Collection **marabout service**

D1510556

Afin de vous informer de toutes ses publications, **marabout** édite des catalogues et prospectus où sont annoncés, régulièrement, les nombreux ouvrages qui vous intéressent. Pour les obtenir gracieusement, il suffit de nous envoyer votre carte de visite ou simple carte postale mentionnant vos nom et adresse, aux Nouvelles Editions Marabout, 65, rue de Limbourg, B-4800 Verviers (Belgique).

ALAIN VANDERELST

Le guide marabout
du **squash**

Toute reproduction d'un extrait quelconque de ce livre par quelque procédé que ce soit, et notamment par photocopie ou microfilm est interdite sans autorisation écrite de l'éditeur.

Les collections **marabout** sont éditées par la S.A. Les Nouvelles Éditions Marabout, 65, rue de Limbourg, B-4800 Verviers (Belgique). — Le label **marabout**, les titres des collections et la présentation des volumes sont déposés conformément à la loi. — Distributeurs en **France** : HACHETTE s.a., Avenue Gutenberg. Z.A. de Coignières-Maurepas, 78310 Maurepas, B.P. 154 — pour le **Canada** et les **États-Unis** : A.D.P. Inc. 955, rue Amherst, Montréal 132, P.Q. Canada — en **Suisse** : Office du Livre, 101, route de Villars, 1701 Fribourg.

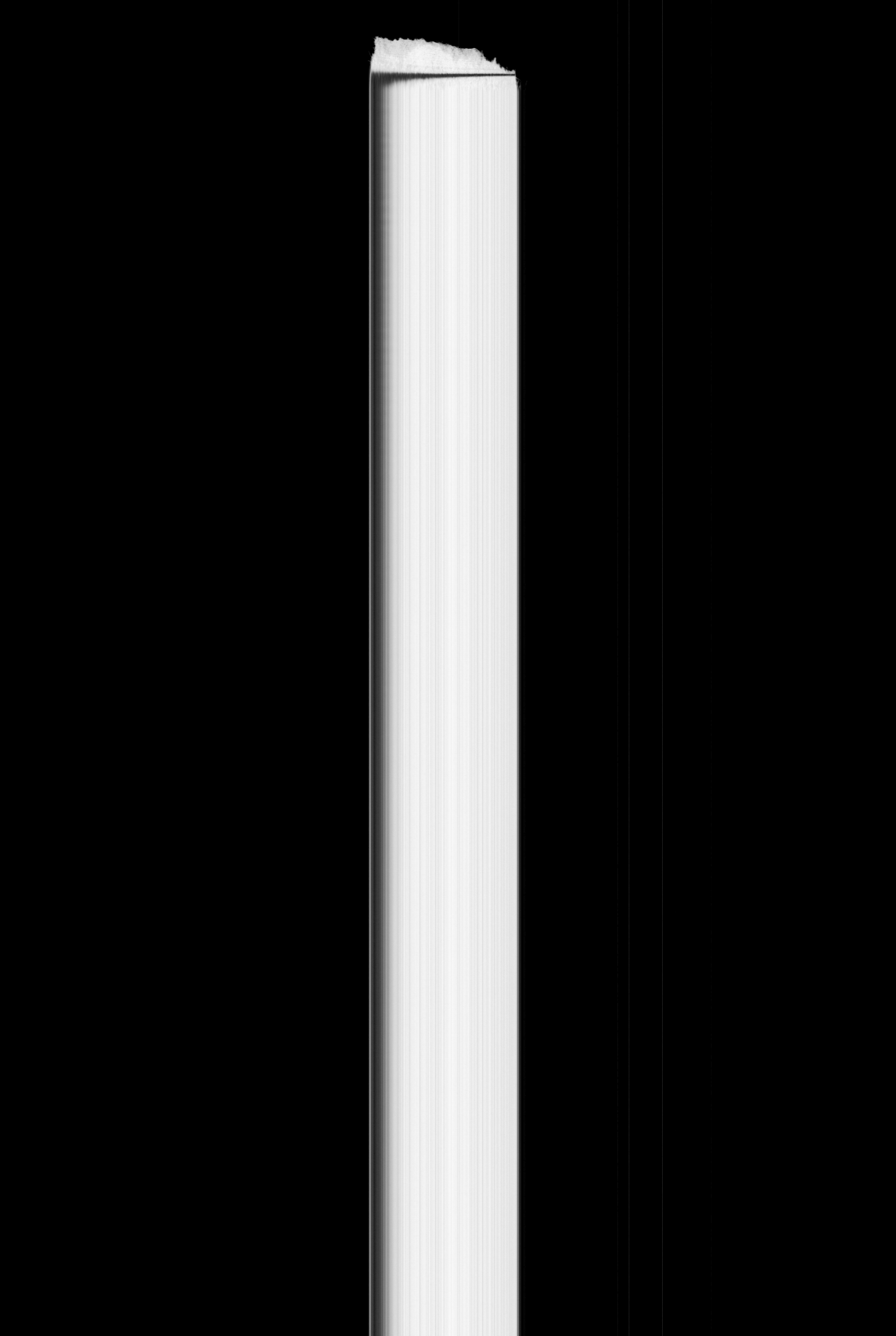

ALAIN VANDERELST

Le guide marabout du **squash**

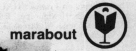

marabout

Les collections **marabout** sont éditées par la S.A. Les Nouvelles Éditions Marabout, 65, rue de Limbourg, B-4800 Verviers (Belgique). — Le label **marabout**, les titres des collections et la présentation des volumes sont déposés conformément à la loi. — Distributeurs en **France** : HACHETTE s.a., Avenue Gutenberg. Z.A. de Coignières-Maurepas, 78310 Maurepas, B.P. 154 — pour le **Canada** et les **États-Unis** : A.D.P. Inc. 955, rue Amherst, Montréal 132, P.Q. Canada — en **Suisse** : Office du Livre, 101, route de Villars, 1701 Fribourg.

Sommaire

Avez-vous déjà remarqué le bruit que faisait une balle de caoutchouc d'une quarantaine de millimètres de diamètre quand elle s'écrase contre un mur? Certains prétendent qu'elle fait : «splatch», d'autres qui ont l'oreille plus anglaise et plus musicale prétendent qu'elle fait : «squash». Je vous invite à tenter l'expérience.

Rassurez-vous, cette petite querelle concernant le bruit de la balle a été aplanie par l'avènement d'une onomatopée donnant raison aux seconds. Le bruit, par la fantaisie du langage, est devenu un mot, joli au demeurant.

Désormais, quand il vous arrivera de parler de «squash» un ton trop haut, personne ne se retournera plus sur vous en disant : «A vos souhaits!»

Frère cadet du tennis

Les liens de parenté sautent aux yeux. Et il n'est nul tennis-man patenté qui ne se laisse pas tenter par une petite partie de squash. Le squash n'est cependant pas à la remorque du tennis et il n'a aucun complexe à avoir face à son aîné.

Si le squash présente un air de famille avec le tennis, il n'en est pas — je vous interdis de le penser — une copie pâle et informe, une espèce de modèle réduit, importable dans son salon pour fatiguer, voire exténuer des invités qui s'attarderaient chez vous jusqu'à des heures avancées.

Pour vous en convaincre, je vous invite à une comparaison rapide de ces deux disciplines.

■ Le terrain

Le terrain de squash est recouvert d'un parquet, ce qui rend la surface très rapide. Le tennis, quant à lui, utilise des surfaces rapides (bois, herbe, moquette, ciment rapide,...) et des surfaces lentes (terre battue, ciment lent,...).

La grande particularité du squash, c'est qu'il utilise, exploite autant la surface des murs qui encadrent le sol que ce sol même.

Cette remarque faite, il m'est facile d'imaginer un sport nouveau qui serait une sorte de synthèse combinant les spécificités du squash et celles du tennis. On obtiendrait un terrain de 6,4 m de large et de ± 20 mètres de long, avec en lieu et place du mur frontal, un filet de tennis. Des murs de quatre mètres de haut ceintureraient cette surface. Les joueurs se feraient face comme au tennis mais ils pourraient néanmoins envoyer la balle contre les murs. La balle passerait d'un camp à l'autre, n'effectuant qu'un rebond dans chaque camp... Mais laissons là la fiction !

Un terrain de squash ressemble toujours à un autre terrain de squash. Il n'y a pas de problèmes d'adaptation, comme ceux que pose le tennis, comptant à la fois des spécialistes sur terre battue et d'autres sur surface rapide.

■ La balle

Point besoin d'épiloguer longuement sur les différences entre balle de squash et balle de tennis. Pourtant ne commettons pas d'erreurs d'appréciation, du genre : «Normal que la balle de squash soit plus petite... puisque le terrain est minuscule !» Pas du tout : la balle est conçue en fonction de son taux de rebondissement et elle répond à des normes strictes de compression. Cette compression correspond à un taux précis de déformation subie par la balle quand on lui applique une charge donnée.

■ La raquette

Beaucoup plus légère que celle de tennis, la raquette de squash. La taille du tamis n'y varie pas suivant les dernières recherches de pointe ou les caprices d'un joueur. C'est la règle de l'égalité absolue : le même tamis pour tous, maman, papa, ou les enfants.

La balle va vite, file à toute allure. En conséquence, on

utilise toujours la même prise de raquette. Impensable en tennis où certains champions vont jusqu'à tenir la raquette à deux mains... En squash, la prise de raquette me permet de réaliser tous les coups : du revers au lob, en passant par le service ou le coup droit sans oublier l'amortie ou la volée.

Une seule prise de raquette pour tout. Voilà de quoi encourager ceux qu'un long apprentissage pourrait rebuter.

■ La technique

Même s'ils portent les mêmes noms, les coups fondamentaux du squash sont fort différents de ceux du tennis. Ainsi, le **service** en squash n'a qu'une très vague parenté avec celui qui sévit sur les courts de tennis.

— Le tennisman droitier lance sa balle en hauteur en la suivant du regard, tandis qu'il amorce la montée du bras droit.

Ainsi armé, il opère ce qu'on appelle la boucle d'élan. Ensuite, les bras descendent simultanément, le bras gauche s'engageant vers l'avant, le bras droit posté dans le dos. La raquette prend alors son élan.

Le joueur semble projeter l'épaule, que suit le coude. Le poignet rentre en action : c'est le moment de la frappe et du coup de poignet. Si le service est sauté, le joueur se réceptionne sur le pied avant.

Ainsi, se déroule la séquence d'un service en tennis.

— Comment cela se passe-t-il sur un court de squash ?

Plusieurs styles de service sont à la disposition du joueur : services lobé, de coup droit et de revers.

Le squasheur (ou squashman) emploiera souvent le service lobé car il pose quelque difficulté à l'adversaire, la balle terminant sa course dans un angle.

Le joueur tient son avant-bras droit parallèle à la fois au sol et au mur frontal. Il lance la balle de la main gauche et la frappe lorsqu'elle se situe à hauteur des hanches.

La raquette devra accompagner la balle le plus longtemps possible pour en assurer un bon contrôle.

— Quelle conclusion tirer de cette comparaison ? Le fait que la balle de squash aille rebondir sur un mur au cours de la trajectoire déterminée par le serveur joue un rôle capital dans la physionomie du service : le mur, nous le voyons, tel un fossé, semble séparer squash et tennis tant en ce qui concerne l'aspect général du terrain, la tactique employée qu'en ce qui concerne le service.

■ Les joueurs

Les joueurs de squash se retrouvent sur une même surface ; ils tentent de ne pas se perdre de vue. Au vrai, ils ne cessent de s'observer, de s'épier afin de mieux prendre la mesure de l'adversaire. Ils peuvent se toucher involontairement, cela arrive de temps en temps et permet à l'un ou l'autre de demander à l'arbitre que le point soit rejoué.

Devant cette potentialité d'inconvénients, quelques impératifs :

— surveiller la position de l'adversaire ;

— ne pas frapper la balle dès qu'il y a possibilité de danger pour l'autre ;

— conserver son sang-froid en toutes circonstances et se comporter d'une manière «fair-play».

Le tennis ne présente pas ces risques : les joueurs de tennis se font face et ne se gênent jamais. Les collisions sont rigoureusement impossibles. Là, ce qui est fréquent, c'est de viser l'adversaire avec la balle ; c'est, en quelque sorte, de le fusiller.

■ La tactique

Au tennis comme au squash, la tactique est essentielle. Elle consiste à surprendre son adversaire le plus souvent possible, à lui imposer son propre rythme de jeu, à le dominer.

Mais le squash est un sport plus rapide que le tennis et les tactiques qu'on y met en œuvre sont d'une rentabilité immédiate. Point besoin de grandes préméditations, de préparations à long terme : le jeu hyper-rapide favorise la réflexion spontanée, instantanée.

Comme le débat et les échanges ont lieu, en squash, sur une seule et même surface, partagée par les deux joueurs et les contraignant à une promiscuité forcée, il se développe un duel pour le meilleur placement possible, c'est-à-dire le «T» que forment la ligne centrale et la ligne médiane (voir page 106).

Une fois encore, les murs ont leur importance : les joueurs expérimentés, maîtres tacticiens, savent en tirer un profit maximum.

Frères... mais amis!

Que les adeptes du tennis ne se sentent pas mis sur le côté. Je n'ai pas pris la défense du squash contre le tennis, mais dans une toute autre perspective : leurs ressemblances m'obligeaient à commencer par les distinguer l'un de l'autre.

Le squash, tout frais éclos, est sans doute le petit frère du tennis, mais c'est un petit frère qui a déjà de la personnalité!

Le matériel

Le terrain

Je pousse la porte vitrée d'un court et je me retrouve dans une grande boîte blanche avec un beau parquet, fait de longues lattes de bois, comme peuvent en posséder les bibliothèques anglaises.

Mon attention est sollicitée par des lignes rouges qui délimitent le parquet en cinq zones et le mur frontal en quatre parties inégales ; de même, les murs latéraux sont traversés par une ligne diagonale.

Je remarque que les murs plâtrés ont une surface parfaitement lisse et que la température du lieu est agréable. Tel m'apparaît à première vue un terrain de squash.

Désirant jouer, toutes ces lignes, surfaces, délimitations prennent un sens précis que je m'empresse de vous dévoiler.

Transpirer en trois dimensions

■ Le parquet
□ *La longueur du court* est d'une petite dizaine de mètres (9,75 m), pas de quoi parcourir la distance d'un marathon et cependant c'est l'impression qu'il m'arrive parfois d'avoir.

□ *Une ligne centrale* divise le parquet en deux, cette ligne mesure 6,4 m.

□ *Une ligne médiane*, longue de 4,263 m, coupe cette ligne

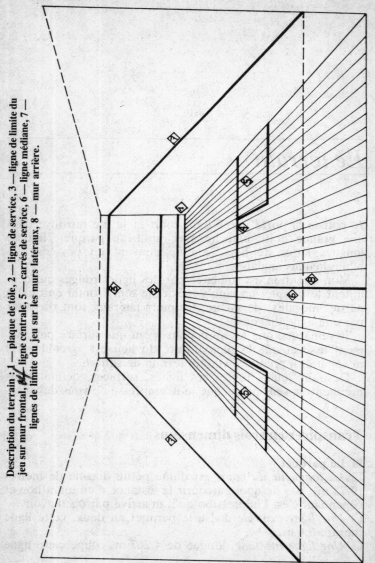

Description du terrain : 1 — plaque de tôle, 2 — ligne de service, 3 — ligne de limite du jeu sur mur frontal, 4 — ligne centrale, 5 — carrés de service, 6 — ligne médiane, 7 — lignes de limite du jeu sur les murs latéraux, 8 — mur arrière.

centrale en son milieu.

□ *Les deux carrés de service*, aux confins de la ligne centrale et des murs latéraux, ont des côtés d'1,6 m.

■ **Le plafond** a une hauteur de 6 mètres. C'est de lui que viendra l'éclairage de la pièce.

■ **Le mur frontal** mesure 4,572 m de haut.

□ *La ligne de service* le coupe en deux parties presque égales ; elle se situe à hauteur d'homme, à 1,83 m de haut.

□ Au bas du mur frontal, sous une autre ligne rouge, j'aperçois *une plaque métallique* que la balle doit faire rugir lorsqu'elle la heurte. La hauteur de cette tôle : 48,26 cm, à peu près le dixième de la hauteur totale.

■ **Le mur-arrière** est, la plupart du temps, aussi transparent que le verre (certains verres, seulement, me direz-vous) pour la bonne raison que les constructeurs, soucieux du spectacle, transforment sa partie supérieure en une grande vitre de 6,4 m de long sur 2,134 m de haut.

■ Du mur frontal au mur arrière courent deux longues diagonales, plaquées sur **les murs latéraux**. Une par mur !

Ces lignes rouges dont je n'ai cessé de vous parler sont plutôt des bandes que des lignes, des bandes d'une largeur de 5 centimètres. Nous examinerons plus loin leur utilité.

Un peu d'anglais

Le squash, loin de renier ses origines, est nourri d'un vocabulaire anglais que la vogue franglaise est loin de faire vaciller. Qu'à cela ne tienne, autant se familiariser avec le jargon spécifique que les arbitres ne se lassent point d'employer.

■ Je me prépare à servir et, respectueux des règles de service, je mets un pied dans un **box** ou carré de service.

■ Ma balle fuse et va heurter le mur frontal au-dessus de la **cut line** ou ligne de service.

■ J'essaie de conquérir le «T» en me plaçant à quelques mètres de la **half-court line** (ou ligne médiane).

■ Mon adversaire qui se situe sur la **short line** (ligne centrale) prépare un coup droit croisé.

■ Il frappe mais rate son coup et la balle va mourir sur la **board-tin** (plaque métallique sur le mur frontal), un peu au-dessous de la **board line**.

La raquette

Le marché offre une grande panoplie de raquettes. Cet éventail comprend les raquettes pour débutants, professionnels, les raquettes pour dames, flexibles, rigides, dont le grip, ou manche, est recouvert de cuir ou d'éponge.

Il est évident que devant un tel choix, on se trouve quelque peu désemparé et il n'est donc pas inutile de disséquer une raquette pour en tirer le profit maximum. Cela dit, je ne me contenterai pas de l'achat d'une raquette, encore faudra-t-il que je sache la manier.

Caractéristiques générales

Ma raquette répond à un ensemble de dimensions qui ne peuvent varier, au risque de me voir refuser l'accès aux courts.

Tandis que les raquettes de tennis sont soumises à des

changements continuels affectant la taille de leur tamis, les raquettes de squash, elles, respectent des dimensions standard. La longueur totale ne dépasse pas 68,5 cm. Le cordage atteindra une longueur de 21,5 cm et une largeur de 18,4 cm. Le cadre ne dépassera pas 2 cm en largeur et 1,4 cm en épaisseur.

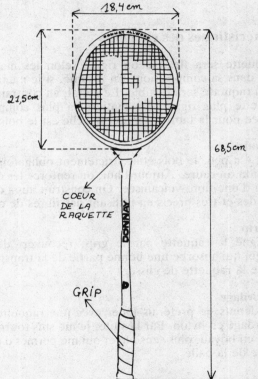

COEUR DE LA RAQUETTE

GRIP

Voilà pour les principaux chiffres. Ces normes sévères correspondent à un souci de sécurité élémentaire, souci dont le tennis n'a point à s'encombrer. Ici, le risque de toucher, voire de blesser l'adversaire subsiste toujours !

Un dernier mot : les raquettes de squash sont plus fragiles

que celles de tennis, et ce pour deux raisons essentielles :
— elles peuvent rentrer en contact avec les murs et de la sorte subir une usure accélérée qui a tendance à les «fragiliser»;
— la balle, irrespectueuse par excellence, ne les ménage pas. Vous aurez plus d'une occasion de vous en rendre compte.

Caractéristiques des éléments

Ma raquette sera flexible ou rigide selon les matières qui entrent dans sa composition. En résumé, si le manche est en fibre, la raquette sera flexible. Le métal, au contraire, rendra la raquette plus rigide. La matière la plus communément employée pour la fabrication du manche est le bois.

■ Le cadre
Jusqu'il y a peu, le bois était strictement obligatoire pour la fabrication du cadre. Aujourd'hui, on renforce les cadres par l'emploi d'une fibre vulcanisée. On construit aussi des cadres très rigides et très précis en utilisant des fibres de carbone.

■ Le grip
J'empoigne la raquette par le grip, recouvert de cuir ou d'éponge, qui absorbe une bonne partie de la transpiration et empêche la raquette de glisser.

■ Le cordage
A mes débuts, je préférais jouer avec une raquette équipée d'un cordage en nylon. Par la suite, je me suis tourné vers un cordage en boyau, plus sensible et qui me permet d'améliorer la frappe de la balle.

Comment je tiens ma raquette

Je prends ma raquette comme si je donnais une poignée de main. J'évite de contracter ma main; j'étends mes doigts et j'écarte l'index des trois autres doigts.

Entre le pouce et l'index se forme une espèce de V que j'aurai eu soin de placer sur le chanfrein supérieur de ma raquette. Mon pouce ne doit pas recouvrir les autres doigts.

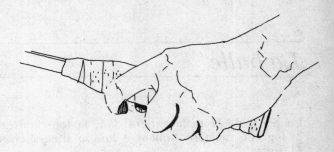

Qu'en est-il du grip? Mes doigts le recouvrent presqu'en totalité, le bord de ma main étant ajusté sur le bord inférieur du grip.

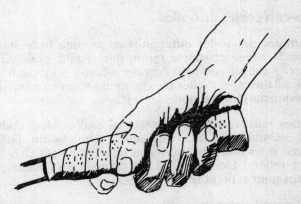

Je n'ai guère à varier cette prise classique de ma raquette tout au long des parties. Cependant, il arrive que par les nécessités du jeu, je sois obligé de tenir ma raquette d'une manière audacieuse. C'est le cas lorsque la balle s'incruste dans un angle difficile, vu la proximité d'un mur, angle dont il faut la déloger à tout prix ; à ce moment, au lieu de tenir ma raquette par le grip, je l'empoigne au milieu du manche et je frappe.

La balle

Le poids de la balle variera dans la fourchette de 23,3 à 24,6 g. Le diamètre, quant à lui, se situera entre 39,5 et 41,5 mm.

Le caoutchouc de la balle sera bleu, vert ou noir. De plus, il portera un trait de couleur permettant de distinguer au premier coup d'œil à quelle catégorie appartient la balle.

Les catégories de balles

Pourquoi des balles différentes et pas une balle standard ? Pour la bonne et simple raison que chaque pratiquant doit pouvoir choisir une balle correspondant à ses capacités. Ainsi, les balles seront-elles plus ou moins vives au rebond et par conséquent plus ou moins lentes*.

■ Les balles marquées d'un trait de couleur **bleue** s'adressent aux débutants. Très vives, elles rebondissent facilement même si les murs du court sont insuffisamment chauffés. Ce haut rebond facilite le jeu en donnant au joueur plus de temps pour reprendre la balle.

■ La couleur **rouge** s'adresse aux squasheurs (squashmen)

---

* Rappelons que l'échauffement de la balle et la chaleur des murs améliorent sensiblement le rebond et la vitesse de la balle.

moyens qui s'exercent sur un court chauffé ; cette balle est un peu plus rapide que la balle marquée d'un trait de couleur **blanche**.

■ Enfin, la balle portant un trait **jaune** sème la terreur, là où se déroulent des compétitions officielles. Seule employée par les professionnels, elle est très lente et d'un moindre rebond, ce qui la rend plus difficile à jouer.

L'équipement

Mon équipement comprend aussi bien la tenue vestimentaire que quelques accessoires qui, à l'usage, se révèlent plus utiles que prévu comme, par exemple, les housses ou les serviettes de bain.

Les vêtements

■ **Mon tee-shirt** est moitié coton, moitié polyester. Il absorbe parfaitement la sueur. Je ne le choisis pas cintré mais plutôt flottant de manière à ce qu'aucun de mes mouvements ne soit entravé. Il en existe une grande variété sur le marché et je les choisis toujours très légers car je ne dois que rarement affronter le froid,... sauf quand le chauffage tombe en panne.

Certes, je n'omets pas de respecter la règle 25 du Règlement International, concernant la couleur blanche de l'ensemble de la tenue. Si dérogation il pouvait y avoir, elle serait de toute façon laissée à l'appréciation de l'arbitre, celui-ci tolérant le plus souvent des couleurs «pastel clair» mais refusant l'accès du court aux «All Black».

■ J'ai une nette préférence pour les **shorts** en nylon car ils ne collent pas aux cuisses au bout de 5 minutes d'échauffement.

Il n'est point question ici de me plaindre des désagréments qu'entraîne le port d'un short en coton. Ces derniers m'irritent au sens propre comme au sens figuré et il n'est pas agréable de devoir recourir à tout un arsenal de pommades, au beau milieu d'un échange. Cela pourrait «irriter» mon adversaire...

■ Comme l'absorption de la sueur reste le problème majeur à solutionner par le choix judicieux d'habits, pourquoi ne pas porter deux paires de **chaussettes**? Telle est la meilleure prévention contre l'ennemie jurée : l'ampoule. Non seulement, je me sens comme posé sur un coussin soyeux mais, de plus, j'ai l'assurance d'éviter de clopiner toute une semaine.

Les chaussures

Le chapitre que je consacre ici aux chaussures est d'une importance déterminante. Je choisis avec soin la paire qui me conviendra le mieux. Mes chaussures doivent être bien ajustées au pied compte tenu que je porte deux paires de chaussettes superposées. *Il s'agit de les essayer telles que je les porterai en compétition.*
— Je vérifie que la semelle est bien lisse et qu'elle adhère bien au sol, tout à la fois. La semelle sera donc conçue pour tous les déplacements, latéraux ou arrière, qu'un match joué à une cadence rapide implique. Les chaussures de jogging sont à proscrire car elles n'ont pas été conçues en fonction de ces exercices.

Je vérifie que la semelle soit flexible, me permettant un maximum d'aisance lorsque je plierai les pieds. Il faut qu'elle s'ajuste parfaitement à la plante du pied.

Par la suite, je veillerai également à ce que ma semelle reste parfaitement lisse afin de ne pas abîmer le parquet, en le griffant par exemple.
— J'exige de mes chaussures qu'elles soient ultra-légères

pour ne point m'encombrer d'un poids inutile qui entraînerait une dépense superflue d'énergie.

— Je veille à ne jamais entraver mes chevilles en achetant des chaussures munies de montants latéraux. Enfin, il faut que mes chaussures soient susceptibles d'un séchage rapide.

Les accessoires

■ Il m'arrive de me munir d'un **bandeau-éponge** anti-transpiration au poignet. Je peux, grâce à celui-ci, d'un geste rapide, me débarrasser de la sueur qui imprègne mon front, sueur qui, coulant dans les yeux, pourrait gêner ma vue.

Certains joueurs se ceignent la tête d'un bandeau anti-sudation non seulement pour absorber la transpiration du front mais aussi pour retenir une chevelure parfois trop abondante, ce qui est indéniablement un inconvénient sur un court de squash où une parfaite visibilité constitue un impératif.

■ Il existe aussi des **lunettes de protection** qui pourraient mettre tout un chacun à l'abri d'accidents fâcheux. Le port de ces lunettes n'est pas obligatoire et on les utilise peu car elles réduisent le champ visuel.

■ Je n'oublie pas également d'emporter avec moi quelques objets complémentaires, tels des vêtements de rechange, des lacets, pour le cas où les miens céderaient, des serviettes de bain et des housses dans lesquelles je logerai les raquettes.

Au tour des règles

Si le squash est un sport relativement facile à apprendre, le perfectionnement et la perfection qui pourrait en résulter ne viennent qu'à force de transpiration et de patience.

Mais peut-être êtes-vous totalement novice en la matière et vous interrogez-vous sur le déroulement d'une partie de squash? Peut-être y avez-vous également assisté en spectateur mais tout se passe si vite sur le terrain...

Les règles du squash sont simples mais plutôt que de vous renvoyer aux règlements officiels publiés en fin de ce volume, je préfère satisfaire immédiatement votre curiosité en vous présentant en quelques lignes les principaux aspects de ce jeu.

Les règles fondamentales

Le squash se joue toujours à deux. La balle est mise en jeu par l'un des deux joueurs, désigné comme serveur. A partir du moment où la balle a rebondi sur le mur frontal, les joueurs frappent celle-ci alternativement. Ils peuvent diriger la balle sur n'importe quel mur à condition qu'elle atteigne le mur frontal.

La balle ne peut rebondir plus d'une fois sur le sol avant d'être frappée. Il est également permis de la reprendre au vol.

Quand une balle est-elle fautive?

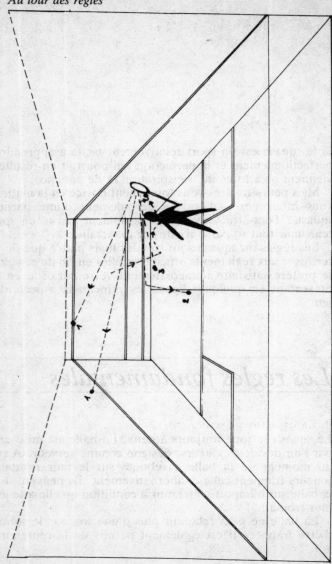

Quel est le but du jeu? Envoyer la balle de telle manière que mon adversaire ne puisse la renvoyer correctement.

Quand une balle est-elle fautive?

1 - Si elle arrive au-dessus ou sur les lignes rouges supérieures. En effet, contrairement à ce qui se passe pour le tennis, une balle est mauvaise si elle touche une ligne.
2 - Si elle percute la plaque de tôle.
3 - Si elle touche le sol avant d'avoir heurté le mur de face.
4 - Si elle rebondit deux fois.

Les règles énoncées ci-dessus s'appliquent à la balle, une fois celle-ci mise en jeu, c'est-à-dire après le service.
   Le service est un point important, obéissant à des règles particulières. Voyons quelles sont-elles.

Le service

■ Le rôle du service
Il est capital. En effet, seul le serveur est autorisé à marquer des points. Si mon adversaire, le relanceur, gagne l'échange, il ne marque pas de point mais devient le serveur. Dès ce moment, c'est lui qui tient les rênes du jeu en main, et gare à moi si je ne triomphe pas car alors mon adversaire marque un point et continue de servir.

■ La trajectoire du service
Avant de servir, je frappe la balle avec énergie pour la chauffer de sorte qu'elle rebondisse normalement sur le sol. Je sers en ayant au moins un pied dans le carré de service.
   Pour servir, je lance la balle en l'air, pas très haut et sans qu'elle touche murs ou plancher. Je vise le mur frontal de manière à ce que ma balle retombe dans une zone précise : le quart du court qui touche le mur arrière et qui est opposé à celui d'où est parti le service.
   Ma balle peut ne pas atteindre le plancher de cette zone

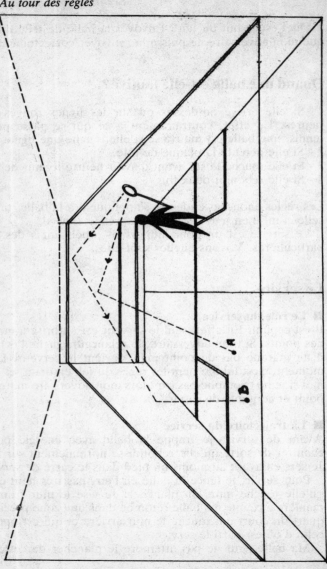

Exemples de services corrects.

précise lorsque mon adversaire la reprend de volée.

L'illustration de la page 32 vous donne deux exemples de bons services. Le serveur, en prenant appui sur au moins un pied disposé dans le carré de service, frappe la balle vers le mur de face au-dessus de la ligne de service dans le large espace où se tient le receveur de la balle (A). Lorsque la balle est répercutée par le mur de face, elle peut toucher le mur latéral avant d'atterrir dans la zone de service (B). Ici également, il est toujours loisible au receveur de reprendre la balle de volée.

■ Les fautes de service

Je commence mon service de n'importe quel côté mais ensuite j'alterne jusqu'à perte de mon service ou, si mon adversaire est vraiment mauvais, jusqu'à la fin du match*.

Il peut arriver que j'oublie d'alterner. Mon service sera valable sauf si mon adversaire le refuse.

Tiens, voilà que je viens de commettre ce qu'on appelle *la faute de pied*. J'ai oublié de laisser mon pied dans la surface baptisée «carré de service».

Autre erreur de service : j'envoie ma balle sur ou en-dessous de la ligne de service. Mon adversaire accepte la faute et l'échange continue.

Autrement dit, *une simple faute de service n'entraîne pas automatiquement la perte pure et simple de mon service*. Néanmoins, ce n'est plus vrai lorsque je commets deux fautes l'une après l'autre.

Je perds aussi mon service quand ma balle heurte la plaque de tôle ou meurt au-dessous, si j'oublie de la lancer en l'air ou si elle touche le mur ou le plancher avant que je ne la frappe, ou encore si je ne réussis pas à la frapper ou si je la frappe plus d'une fois.

□ *Exemple de faute simple* (illustration page 34)

Le joueur A se trouve avec un pied dans le carré de service. La balle arrive à destination dans le carré de retour du joueur B. Mais il se fait que sur le mur de face, la balle a touché la

---

* J'ai une préférence pour le côté droit car mon adversaire est dans l'obligation de reprendre la balle en revers.

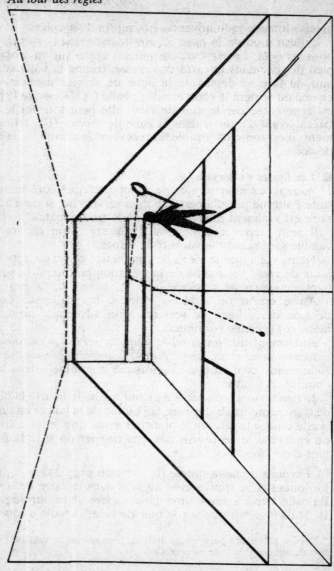

Exemple de faute au service.

ligne de service ou atterri en-dessous de celle-ci.

B peut décider de refuser cette balle. Dans le cas où B ne renvoie pas la balle, A peut encore servir une fois. En revanche, si B renvoie la balle de service, le jeu se poursuit normalement.

Les échanges

Nous l'avons vu, pour qu'une balle soit bonne, il faut obligatoirement qu'elle touche le mur frontal entre la ligne rouge supérieure et celle bordant la plaque de tôle.

Cependant, la balle ne doit pas nécessairement atteindre ce mur en droite ligne. Il lui est permis de frapper d'abord un des murs latéraux ou arrière. C'est ce que vous montre l'illustration de la page 36.

■ Deux mots de tactique

La tactique nous enseigne qu'il y a nombre de manières de frapper la balle. La tactique, en squash, est primordiale : les grands champions sont toujours des maîtres-tacticiens. Ils possèdent la faculté de dérouter leur adversaire, de le prendre à contre-pied, de changer de rythme, de jouer l'offensive. Outre qu'ils détiennent une volonté de gagner sans faille, ils sont capables de décider ce qu'ils vont faire (lob, amortie, etc.) et ce, en une fraction de seconde.

L'illustration de la page 37 vous donne un exemple de coup tactique. Le joueur **A** décide ici d'amortir la balle ce qui ne laisse aucune chance au joueur **B** de la sauver, vu sa position à l'arrière du court.

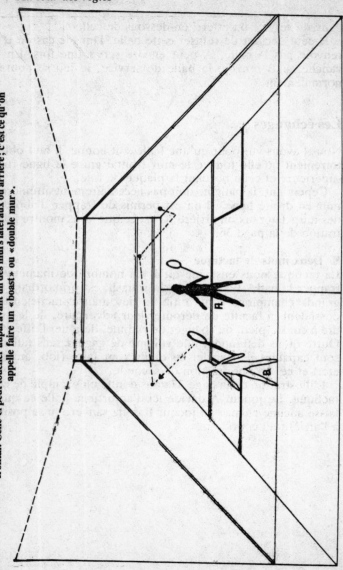

Trajectoire de la balle : le joueur ne doit pas envoyer la balle en ligne directe sur le mur frontal. Celle-ci peut toucher auparavant un des murs latéraux ou arrière ; c'est ce qu'on appelle faire un « boast » ou « double mur ».

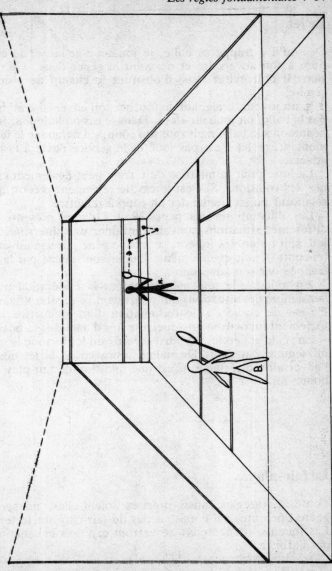

Exemple de coup tactique : l'amortie.

Le let

Dès qu'il a frappé sa balle, le joueur doit laisser le champ libre à son adversaire et ne point le gêner dans sa progression. Il doit éviter aussi d'obstruer le champ de vision de celui-ci.

Si un joueur, craignant de toucher son adversaire ne frappe pas la balle, on joue un «let». Dans le cas où le joueur frappe néanmoins la balle mais rate son coup, s'il demande le let à ce moment, ce let n'est pas joué et le service passe à la partie adverse.

La lutte pour la maîtrise du terrain peut également entraîner des collisions. Si c'est le cas, le règlement prévoit que le relanceur puisse demander un coup à remettre.

Les illustrations des pages 39 à 42 vous présentent les différentes situations pouvant entraîner une interruption du jeu, soit qu'un des joueurs se trouve gêné par son adversaire (ci-contre), soit que ce même joueur soit touché par la balle frappée par son adversaire.

Par ailleurs, le règlement émis par la Fédération prévoit l'ensemble des situations qui pourraient se révéler litigieuses. En cas de doute ou de réclamation d'un joueur, ce même règlement lui octroie un appel aux fins d'analyser sa position.

En règle générale, l'arbitre accorde un let lorsque le cas ne lui semble pas clair. De même, on accorde le let dès que l'adversaire le réclame. C'est une question de fair-play et de bonne foi.

Le fair-play...

Toutes ces règles, aussi précises soient-elles, ne seraient guère opérantes s'il n'existait pas de fair-play sur le terrain. Les joueurs «dangereux» se verront expulsés et sanctionnés par l'arbitre.

Interruption du jeu — cas n° 1 : le joueur B gêne le joueur A, non seulement en lui bouchant la vue mais aussi en le privant d'une entière liberté de mouvement. Le let sera accordé.

Interruption du jeu — cas n° 2 : le joueur A vise le mur latéral droit mais la balle heurte son adversaire. Il y a let : on rejoue le point.

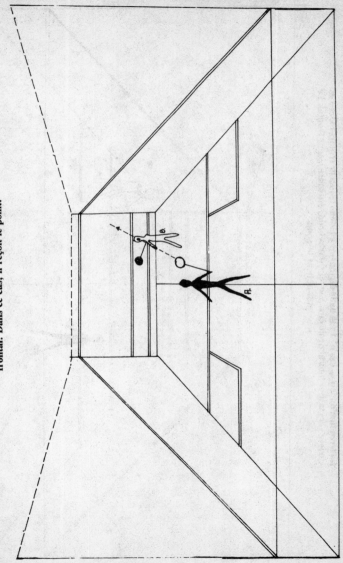

Interruption du jeu — cas n° 3 : le joueur A touche son adversaire en visant le mur frontal. Dans ce cas, il reçoit le point.

Interruption du jeu — cas n° 4 : la balle du joueur A touche le joueur B alors qu'elle est dirigée vers le mur latéral droit sans pouvoir, par rebond, atteindre le mur frontal. Le joueur B obtient le point.

Les matchs

Le droit de servir est déterminé par le «toss» (tirage au sort). Seul le joueur qui a le service peut marquer des points. S'il perd l'échange, le droit de servir passe à son adversaire.

Le serveur peut décider à partir de quel côté il souhaite commencer à servir. S'il marque un point, il servira la fois suivante à partir de l'autre carré de service et ainsi de suite.

Le comptage des points

Les matchs se déroulent au meilleur des trois ou, plus souvent, des cinq sets. Ce qui signifie que le joueur qui, le premier, remporte deux sets, dans le premier cas, trois, dans le second, est déclaré vainqueur.

Un set comporte 9 points. Si les joueurs arrivent à 8 points chacun, le joueur qui, à ce moment, reçoit le service peut décider de poursuivre le jeu jusqu'à 9 ou 10 points.

S'il choisit la première solution, le premier des deux joueurs qui atteint 9 points remporte le set. Dans le second cas, il faut alors deux points d'écart pour gagner le set.

La technique

La technique

Eh oui, le moment est venu, enfin… de vous livrer les secrets de la technique. Entre nous, elle est simple, mais ô combien exigeante! Et c'est précisément pour cette raison qu'on la soignera très particulièrement.

Un effort, et la technique n'aura plus le moindre secret pour vous. Ne nous laissons pas prendre aux apparences : il y a du pain sur le plancher!

Un livre comme celui-ci se doit d'accorder une large part à la technique. Il s'agit de conquérir un certain degré de perfection dans l'exécution des gestes que commande le jeu de squash : service, coup droit, revers, volée, lob et amortie.

Il faut bien prendre garde cependant de ne pas se figer dans des automatismes mais, au contraire, mettre une technique maîtrisée au service de la tactique.

Le service

Le service lob ou lobé

J'exécute ce service au coup droit, en plaçant mon pied droit dans le carré de service et en avançant mon pied gauche le plus près possible du mur frontal. Mon corps fait face au mur latéral, je fléchis légèrement les jambes, je prépare mon avant-bras droit derrière moi de manière à ce qu'il soit parallèle au sol. Avec la raquette et mon avant-bras, je veille à former un angle droit. Le manche de ma raquette est perpendiculaire au sol.

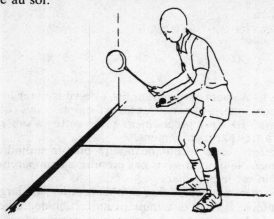

Cette position atteinte, dont je peux éprouver toute la souplesse, je lance ma balle en hauteur et j'attends qu'elle vienne se situer à quelques centimètres de ma hanche, devant ma jambe gauche, pour la frapper.

Je pivote, ramenant mon épaule droite vers l'avant à hauteur de l'épaule gauche. Ma main gauche fuit très naturellement vers l'arrière et je sens tout mon poids s'enfoncer dans ma jambe gauche.

Je n'oublie pas que l'exercice est affaire de précision et non de force : je ne lance pas le disque ! Je vise un point d'impact que l'on situera sur la partie gauche du mur frontal.

En maniant bien ma raquette, j'obtiens la trajectoire désirée et ma balle heurte le mur latéral, pour retomber presque à la verticale en un point où mon adversaire aura toutes les difficultés du monde à la reprendre (voir page 51).

Certes, au cours d'un match, ai-je l'habitude de varier mes services ; il n'empêche que ce service a l'avantage de pouvoir être contrôlé de bout en bout et de contraindre le receveur d'aller chercher la balle dans un angle difficile.

La position de ma raquette est capitale lors de l'exécution

du service lob : le tamis sera légèrement incliné et pas strictement perpendiculaire au sol.

Le service dur ou frappé

J'exécute ce service au coup droit, en plaçant mon pied droit
dans le carré de service et en avançant mon pied gauche vers
la ligne médiane et derrière la ligne centrale.

Je transporte le bras droit légèrement fléchi vers l'arrière.
J'incline le poignet vers l'arrière.

Mon poids porte sur deux appuis mais, à l'instant où je
lance la balle pour la frapper, le poids de mon corps se
concentre sur le pied gauche ; le pied droit ne conservant le
contact avec le parquet que de la pointe de la semelle.

Je viens de lancer la balle : mon bras gauche forme un
angle droit avec une droite imaginaire passant par l'épaule
gauche, la hanche et le pied gauche.

Je frappe la balle lorsqu'elle se situe au niveau de mon
regard, ma tête étant droite. Je fais voyager la tête de ma
raquette à l'horizontale.

Lorsque ma balle est frappée, je prolonge mon mouvement
de rotation des épaules, de manière à ce que le manche de ma
raquette soit perpendiculaire au sol, et comme si ma main
droite allait heurter l'épaule gauche, qui fuit vers l'arrière.

Durant tout ce service, ma jambe d'appui, la gauche en
l'occurrence, reste légèrement fléchie.

Ce service, très puissant, m'offre une variété de trajec-
toires. Je choisirai soit une trajectoire de retour quasi parallèle au mur latéral soit une trajectoire forçant mon adversaire
à opérer une manœuvre latérale pour atteindre la balle (voir
page 52).

Le service de revers

Lorsque j'exécute ce service, je peux tenir mon adversaire à
l'œil. J'observe ainsi la façon dont il anticipe mes services.

De nouveau, je fléchis la jambe droite en avant et je me

penche légèrement. Je place mon pied gauche dans le carré de service et j'avance le pied droit vers la ligne médiane et, de quelques centimètres, derrière la ligne centrale.

Je forme un angle droit entre mon avant-bras et le manche de la raquette.

Lorsque j'ai frappé la balle, je me place rapidement au lieu stratégique, puisque ce service, effectué du côté droit, me permet d'en être plus près.

Notre illustration de la page 53 vous donne deux exemples du service de revers, selon que vous serviez à gauche ou à droite.

Service lobé

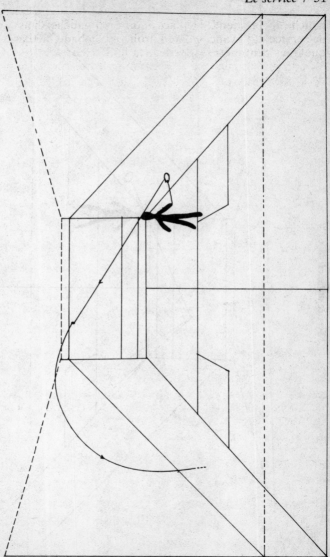

Service dur ou frappé

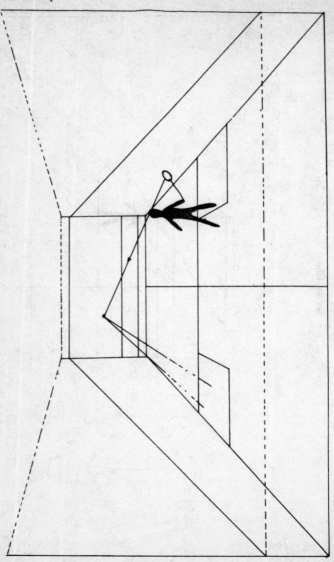

Service de revers

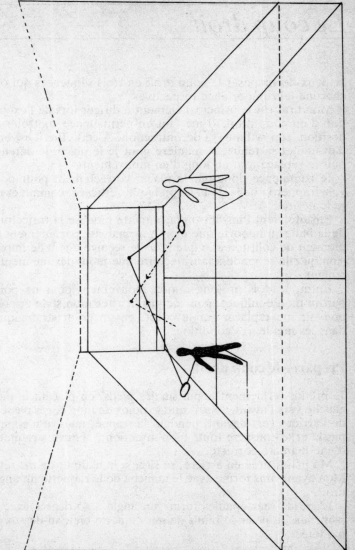

Le coup droit

Je peux décomposer le coup droit en trois séquences qui ont chacune leur importance respective.

Mon bras est le principal élément à diriger lors de l'exécution d'un coup droit. Il me faut en permanence contrôler sa position, son rythme, sa décontraction. A cette fin, il est bon d'examiner sa tenue, la manière dont je le place, le détends puis le replace tout au long d'un mouvement.

Je commence donc par le placer correctement pour pouvoir frapper la balle de la façon la plus efficace, comme et où je le désire.

Ensuite vient l'instant où la raquette modifie la trajectoire de la balle ; il importe que mon bras maîtrise parfaitement ce moment de collision afin que la balle reçoive une telle impulsion qu'elle réponde à la trajectoire que je lui destine mentalement.

Enfin, je dois prolonger mon mouvement pour ne point perdre mon équilibre, pour ne pas heurter mon style et pour pouvoir me replacer sur le court, en un point stratégique, dans les meilleures conditions.

Préparer le coup droit

Je prends fermement appui sur les pieds, en plaçant le pied gauche vers l'avant. Je sais que le poids de mon corps passera de l'arrière vers l'avant, pendant la frappe, mais je n'en suis pas là et je consacre toute mon attention à tenir ma raquette d'une manière correcte.

Ma main, tirée en arrière, se situe à la hauteur de ma tête. Mon avant-bras forme avec le manche de la raquette un angle droit.

L'axe de mes épaules forme un angle à 45 degrés avec le plancher. Je place le tamis de ma raquette bien au-dessus de ma tête.

Frapper la balle

Je n'ai point perdu la balle de vue. Je suis prêt à la frapper. Ma raquette fonce à toute vitesse à la rencontre de la balle. Elle décrit un arc de cercle.

Je prends la balle lorsqu'elle arrive en face de mon pied gauche, à hauteur du genou ou légèrement en-dessous. Le manche de ma raquette est parallèle au plancher. Mon bras est tendu au moment du contact.

L'axe de mes épaules fait un quart de tour. Mon buste est plié comme si je me penchais vers l'avant pour ramasser quelque chose. L'angle que forment la cuisse et le mollet de ma jambe gauche se réduit considérablement, atteignant presque 90 degrés.

Durant tout ce mouvement, je conserve le même angle

entre le manche de ma raquette et mon avant-bras, comme au cours de la préparation. Je ne peux absolument pas ouvrir cet angle en le portant à 180 degrés par exemple, pour aller chercher une balle frôlant le sol.

Dans le cas d'une balle à fleur de parquet, je me plie résolument au lieu de rester droit comme un piquet. Dans cette position, je maintiens l'angle de mon poignet ce qui me permet de manier ma raquette avec rapidité.

Je veille aussi à ce que ma raquette soit légèrement inclinée vers le plafond.

Pendant l'exécution de ce geste, je ne cesse de penser au

maintien de mon équilibre en donnant à mes mouvements l'amplitude et l'efficacité maximales.

Terminer le mouvement

Instinctivement, je suis tenté de continuer sur ma lancée. Il n'est pas question de bloquer brutalement un geste qui s'épanche en un prolongement naturel.

J'accompagne donc la raquette vers mon épaule gauche qui, elle, ne bouge plus tandis que ma main gauche flotte librement devant moi.

Le poids de mon corps se situe sur mon pied gauche, en avant, mais je ne pivote guère sur moi-même, comme emporté par la force de rotation.

Je ramène la main droite en direction de l'épaule gauche comme si elle allait le couvrir.

Je suis encore penché et je me redresse en ne pensant qu'à une chose : suivre la trajectoire de la balle.

Coup droit croisé. Je me trouve en D. La balle touche le mur frontal dans le prolongement de la ligne médiane. Elle se dirige ensuite vers C.

Coup droit en direction du mur latéral gauche. Je vise le coin gauche. La balle touche le mur frontal au-dessus de la plaque de tôle, puis se dirige vers B.

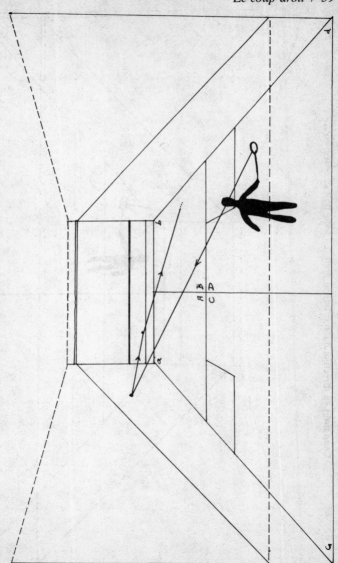

Coup droit en direction du mur latéral droit. La balle finit sa course en A.

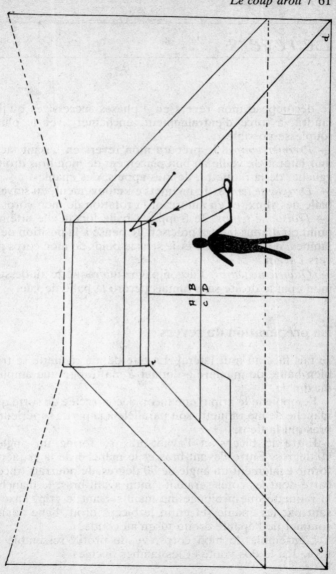

Coup droit avec trajectoire parallèle au mur latéral droit.

Le revers

Je décompose mon revers en 4 phases successives qu'il me faudra, à force d'entraînement, enchaîner avec le plus de souplesse possible.

— *Premier temps*. Je prépare mon revers en faisant face au mur latéral. Je veille au bon placement de mon bras droit, du gauche, de la raquette, de mes appuis, des épaules.

— *Deuxième temps*. Je me mets en mouvement, en suivant la balle des yeux, et en amorçant la rotation de mon corps.

— *Troisième temps*. Je frappe la balle lorsqu'elle atteint un point qu'il nous faudra préciser. Je pense à la position de mes jambes, de ma raquette et je sens le poids de mon corps peser vers l'avant.

— *Quatrième temps*. J'accompagne ma raquette au-dessus de mon épaule droite sans jamais perdre la balle de vue.

La préparation du revers

Je fais face au mur latéral. La tête de ma raquette se trouve bien haute de manière à donner à ma frappe une amplitude maximale.

J'empoigne le grip d'une façon décontractée de sorte que le manche de ma raquette soit parallèle à la partie supérieure du bras qui la tient.

Entre le biceps et l'avant-bras se forme un angle de 90 degrés. Entre l'avant-bras et le manche de la raquette se forme également un angle de 90 degrés. Je pourrais tracer un carré dont les côtés seraient : mon avant-bras, le manche de la raquette que prolonge ma main serrant le grip, l'axe passant par les épaules et enfin le biceps droit, ligne allant du sommet de l'épaule droite jusqu'au coude.

L'ensemble de mon corps, vu de profil, ressemble à un «S». J'ai le dos voûté et les jambes fléchies.

Mon coude droit se trouve sur le même plan que mon genou. Ainsi pourrais-je tracer une ligne imaginaire passant par le front, le coude, le genou et la pointe de mes pieds.

J'écarte les jambes et je ramène la main gauche, tout à fait décontractée, à hauteur du sommet des cuisses.

L'axe passant par mes épaules est incliné vers la gauche, lequel axe prolongé forme un angle de 45 degrés avec le plancher.

La mise en mouvement

Je sais que je frapperai la balle quand elle arrivera en un point précis, situé au niveau de mon pied droit et à hauteur de mon genou (droit, forcément).

Sachant cela, je me mets en mouvement de manière à donner de la vitesse à ma raquette et à me trouver en position idéale au moment du contact raquette-balle.

Je descends donc mon bras droit et j'entame la rotation de mes épaules.

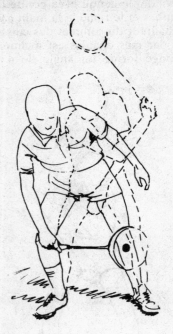

La frappe

La précision préside à la frappe. Je tiens ma raquette parallèlement au plancher. Le poids de mon corps se transporte vers l'avant.

La balle, arrivée au niveau de mon pied droit et à hauteur de mon genou, rencontre le tamis que j'incline un peu vers le haut.

Mes hanches et mes épaules subissent une rotation dont je contrôle la vitesse à tout instant. Je conserve mon équilibre en coordonnant tous mes mouvements.

Pour éviter de prendre la balle de volée, je recule, si

nécessaire. J'observe bien le rebond de la balle de manière à la frapper quand elle arrive au sommet de celui-ci.

Je ne dois pas me précipiter sur la balle mais la laisser rebondir avec aisance. Même si la rapidité d'exécution est de rigueur, un court laps de temps m'est permis afin de prendre la balle idéalement, c'est-à-dire lorsqu'elle est à bonne hauteur.

Le but n'est pas de la frapper le plus vite possible mais le mieux avec concentration, détermination et précision.

Si ma manière de jouer est précipitée, je risque d'hésiter et de frapper une balle à la volée alors que je n'en avais guère l'intention.

Le point final

Je prolonge mon revers jusqu'à sa conclusion finale, à savoir le déploiement de mes bras. Le bras droit reste perpendiculaire au mur frontal et je tiens le gauche à mi-hauteur, comme pour faire contrepoids, la main gauche se situant à hauteur de la hanche.

L'axe passant par mes épaules est parallèle au sol. Voyons les angles : l'angle que forme le manche de ma raquette avec mon avant-bras ne varie guère, c'est dire qu'il reste constamment à 90 degrés. L'angle que forme le parquet avec la droite passant par les mains est de 45 degrés.

Où se situe le poids de mon corps? Sur le pied droit, toujours fléchi, mais légèrement parce que je viens d'exécuter un geste qui dans son ensemble est un mouvement de redressement.

Je tiens désormais la raquette bien haut et son tamis dépasse ma tête de la moitié de la longueur du manche.

J'insiste donc sur le déplacement du bras gauche qui doit fuir vers l'arrière sans entraîner une rotation du buste. J'éviterai aussi de déplacer abusivement mes épaules dans un mouvement rotatif alors qu'il importe que leur axe reste perpendiculaire au mur frontal.

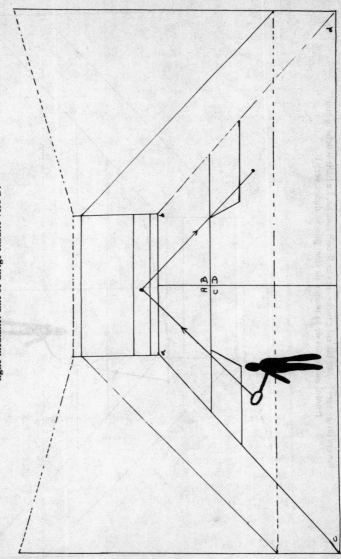

Revers croisé. La balle, partie de C, touche le mur frontal dans le prolongement de la ligne médiane. Elle se dirige ensuite vers D.

Revers dirigé vers le mur latéral gauche. Je vise le coin gauche. La balle touche le mur frontal au-dessus de la plaque de tôle, puis se dirige vers B.

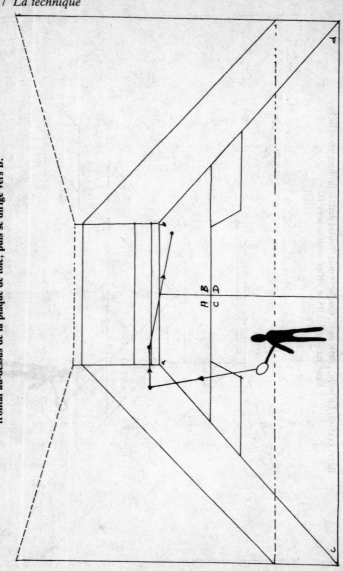

Revers dirigé vers le mur latéral droit. La balle finit sa course en A.

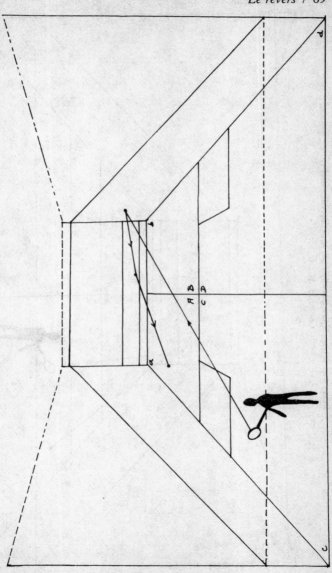

Revers avec trajectoire parallèle au mur latéral gauche.

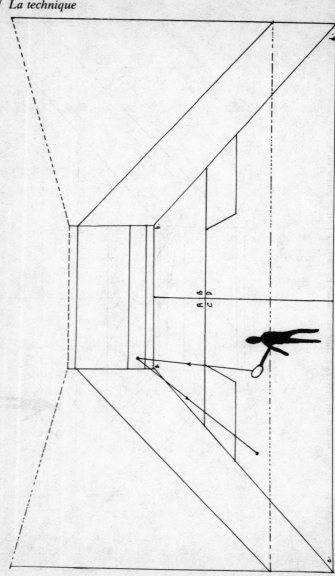

La volée

Il m'arrive de saisir la balle au vol pour surprendre mon adversaire et accélérer le rythme de l'échange.

La volée est un coup extrêmement rapide qui me demande un réflexe instantané. Mon réflexe sera d'autant plus efficace que mon attention aura été intense.

Avant d'effectuer une volée, je me campe solidement face au mur frontal, je prends fermement appui sur mes deux jambes légèrement fléchies, je tiens ma raquette droite, la tête de celle-ci à hauteur de mon menton. Nanti de cette position, j'ai l'impression d'être un félin prêt à bondir.

La volée de coup droit

Je veux exécuter une volée en coup droit. Je place mon pied gauche vers l'avant, mon corps chevauchant la ligne centrale.

Mes épaules qui vont subir une rotation des plus rapides sont face au mur latéral.

Je lève la raquette vers l'arrière, je suis la balle des yeux sans la perdre l'ombre d'une seconde, ce qui me serait fatal.

La voilà qui arrive à toute vitesse ; mes hanches tournent, entraînant mes épaules dans leur rotation ; le poids de mon corps se transporte sur ma jambe gauche, toujours fléchie ; je frappe. Au moment de la frappe, la tête de ma raquette se trouve à la hauteur de mon épaule droite.

Le mouvement que j'ai accompli se prolonge quelque peu : mes épaules continuent leur rotation, ma raquette me couvre

l'épaule gauche. J'accompagne ce mouvement jusqu'au bout pour ne point perdre mon équilibre et en conservant la balle dans mon champ visuel.

Cette manière d'exécuter une volée du coup droit est la plus classique. Il arrive que des variations modifient le coup, par exemple lorsque je suis déséquilibré au moment de la frappe, le poids de mon corps se portant subitement sur mon pied droit.

La volée de revers

Je place mon pied droit vers l'avant, je fais face au mur latéral, mon regard ne quitte pas la balle une seconde, la suivant dans sa course folle.

Je tiens fermement ma raquette derrière la tête, je replie mon poignet vers l'arrière et je place la main gauche à hauteur de l'estomac. Ma raquette est beaucoup plus inclinée que lors du coup droit parce que le revers ne me permet pas de déployer la totalité de mon bras. Me voilà paré pour le coup.

La balle fonce à toute allure. Je la frappe lorsqu'elle se situe à hauteur de mes yeux, mon corps étant droit comme un I, son poids portant sur ma jambe droite.

Mes hanches et mes épaules amorcent une rotation qui fortifie ma frappe. Je prolonge ce mouvement jusqu'à ce que mon bras forme une perpendiculaire avec le mur frontal. Ma main droite se situe à nouveau à hauteur de mes yeux.

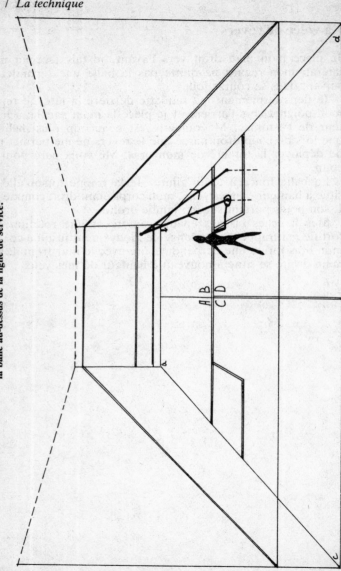

Volée en coup droit, avec trajectoire de la balle, parallèle au mur latéral droit. Je frappe la balle au-dessus de la ligne de service.

Volée croisée, en coup droit. Je me trouve en D. La balle atteint le mur frontal au-dessous de la ligne de service et atterrit en A.

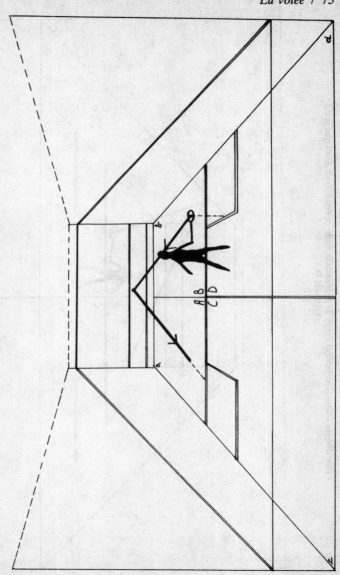

Volée dirigée sur le mur latéral droit. Je reprends la balle en coup droit alors que je me situe en D.

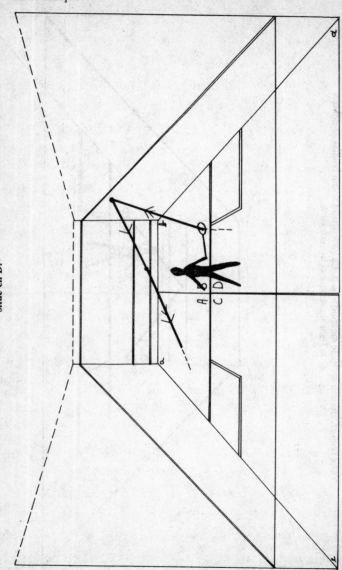

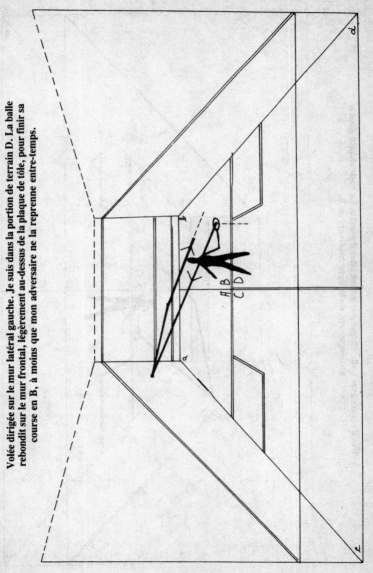

La volée / 77

Volée dirigée sur le mur latéral gauche. Je suis dans la portion de terrain D. La balle rebondit sur le mur frontal, légèrement au-dessus de la plaque de tôle, pour finir sa course en B, à moins que mon adversaire ne la reprenne entre-temps.

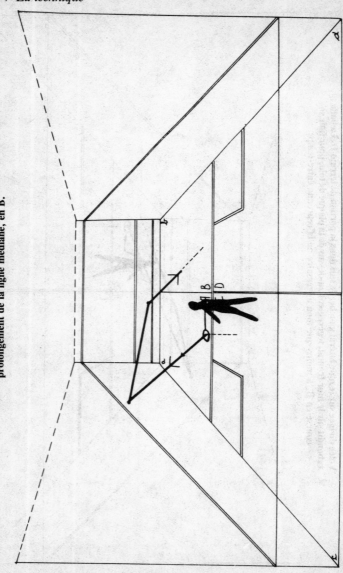

Volée en revers avec balle dirigée sur le mur latéral gauche. La balle aboutit dans le prolongement de la ligne médiane, en B.

Volée en revers, en direction du mur latéral droit. Le point d'impact est situé assez haut sur ce mur. De là, la balle plonge sur le mur frontal et rebondit en A.

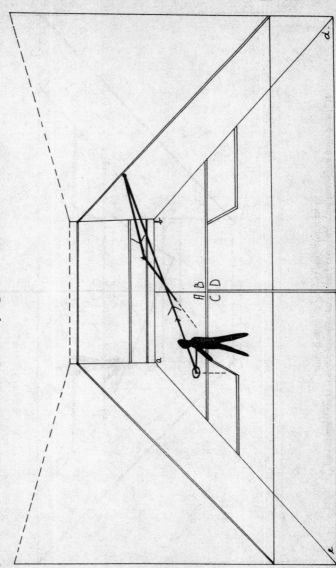

Volée croisée, en revers. Je me situe en C, derrière la ligne médiane. Ma balle heurte le mur frontal et finit sa trajectoire en B.

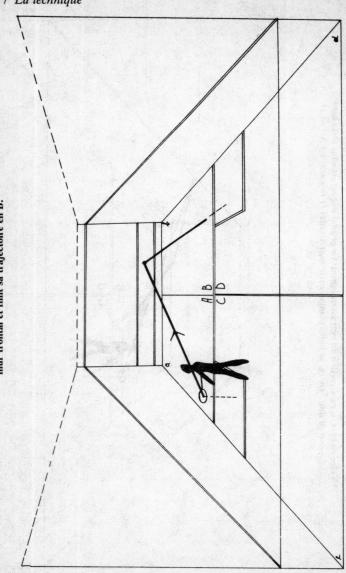

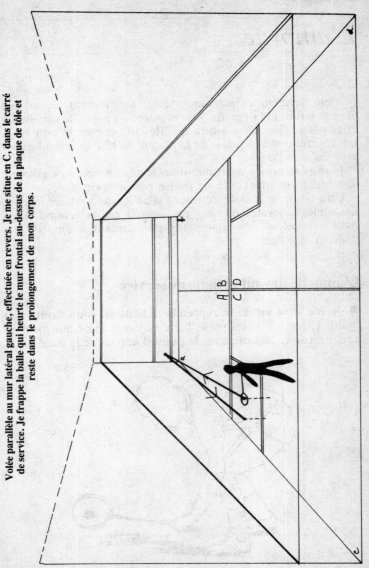

Volée parallèle au mur latéral gauche, effectuée en revers. Je me situe en C, dans le carré de service. Je frappe la balle qui heurte le mur frontal au-dessus de la plaque de tôle et reste dans le prolongement de mon corps.

L'amortie

Je tiens fermement ma raquette et, au moment du contact avec la balle, je la «coupe» de manière à ce qu'elle subisse un effet particulier, c'est-à-dire qu'elle aille cogner le mur frontal, légèrement au-dessus de la plaque de tôle et retombe tout près du mur latéral.

Je dois masquer mon intention le plus longtemps possible afin que mon adversaire ne puisse pas la deviner.

Une amortie réussie résultera d'un geste tout en finesse. En règle générale, elle ne s'accomplit qu'au rebond de la balle; toutefois, les champions parviennent à amortir des balles à la volée.

L'amortie devant la ligne de service

■ **Je me situe en A, je reprends la balle en coup droit** (voir figure 1, page 84), les pieds bien en ligne, ligne qui, prolongée, irait se confondre avec le point d'impact de la balle sur le

mur. J'exécute une amortie décroisée, en caressant la balle quand elle arrive au sommet du rebond.

■ **Toujours en A, je capte la balle en revers** (figure 2). Elle atteint le mur frontal au-dessus de la plaque de tôle. Je contrôle la position de mon corps en fléchissant mes jambes au maximum. Ma raquette est inclinée vers le haut, sa tête étant plus haute que mon poignet.

■ **Je me place en B et décide de réaliser une amortie en revers** (figure 3). J'écourte la préparation de mon coup pour tromper mon adversaire. Je frappe la balle en la coupant. Elle vole vers le mur frontal, sur la droite et au-dessus de la plaque de tôle. Je ne cesse de penser à bien contrôler mon bras.

■ **Je recommence cet exercice en B, avec l'intention d'effectuer une amortie croisée, en coup droit** (figure 4). Même principe : ma balle heurte le mur frontal, à l'extrême gauche, toujours au-dessus mais légèrement au-dessus de la plaque de tôle.

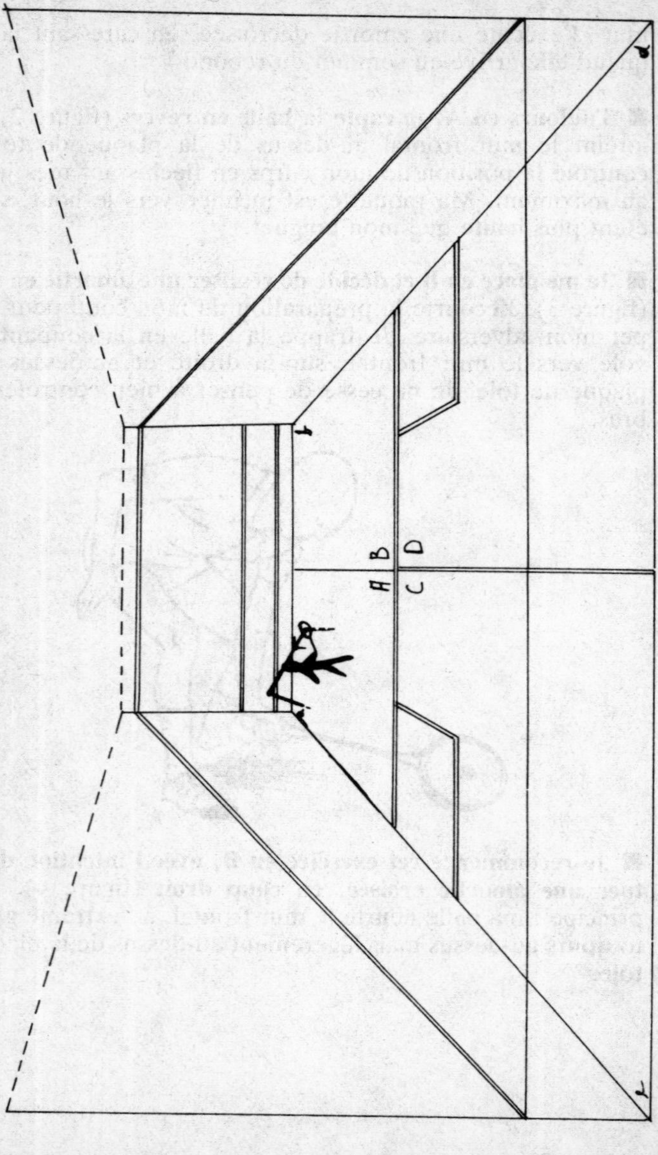

Figure 1 — Amortie devant la ligne de service : coup droit.

Figure 2 — Amortie devant la ligne de service : revers.

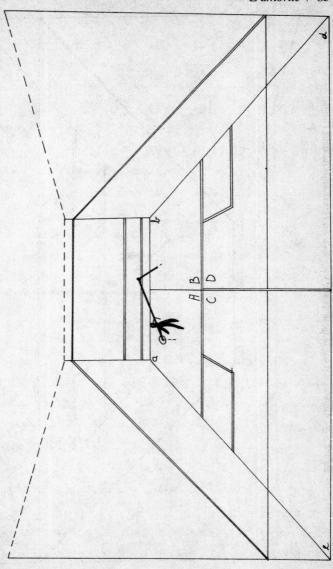

Figure 3 — Amortie devant la ligne de service : balle en revers amortie dans l'angle.

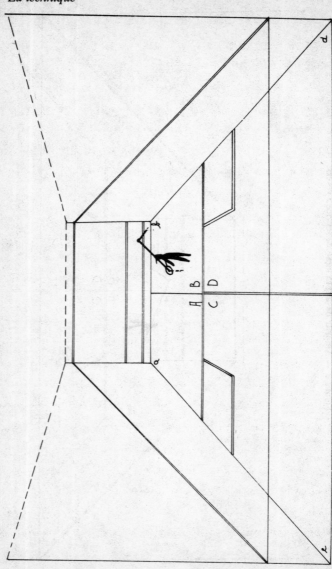

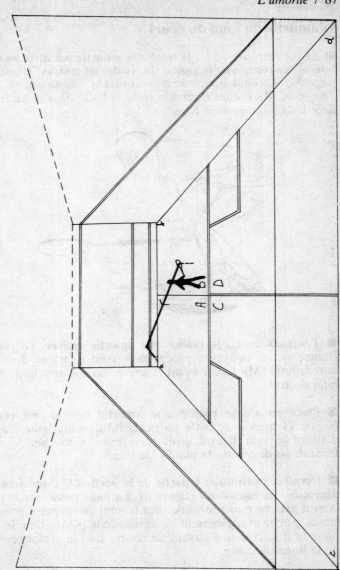

Figure 4 — Amortie devant la ligne de service : balle en coup droit amortie dans l'angle.

L'amortie du fond du court

■ **Je me retrouve en C, je tente une amortie parallèle au mur latéral gauche, en frappant la balle en revers** (figure 5, page 90). La balle heurte le mur frontal et finit sa course dans l'angle **a**. Ma raquette semble tenir la balle dans le tamis au lieu de la frapper avec force.

■ **Toujours en C, je réalise une amortie croisée, en revers** (figure 6). Je vise avec précision le coin inférieur droit du mur frontal. Ma balle, avant d'arriver au sol, touche le mur latéral droit.

■ **Placé en C, je réalise une amortie croisée, en revers** (figure 7) mais avec cette particularité que ma balle frappe d'abord le mur latéral droit pour ensuite toucher le mur frontal, au-dessus de la plaque de tôle.

■ **Dernière possibilité, à partir de la portion C : une amortie décroisée, en coup droit** (figure 8). La balle passe par le mur latéral gauche puis touche le mur frontal en un point précis : sur la gauche et légèrement au-dessus de la plaque de tôle. La balle finit sa course à l'avant du court, dans le prolongement de la ligne médiane.

■ **Situé en D, je tente une amortie croisée, en coup droit** (figure 9). Mon intention est que la balle termine sa course dans l'angle **a**. Avant tout, une grande précision s'impose. Il importe de viser le coin inférieur gauche du mur frontal, légèrement au-dessus de la plaque de tôle.

■ **D'où je suis, en D, il m'est loisible de tenter une amortie parallèle au mur latéral droit** (figure 10). A cette fin, je vise le mur frontal, au-dessus de la plaque de tôle, à droite. La raquette inclinée vers le haut, ouverte, je contrôle ma frappe en l'effectuant quand la balle arrive au sommet de son rebond.

■ **Je me situe derrière le carré de service de la portion D. Je tente une amortie en coup droit** (figure 11). Je vise le mur latéral droit. Ma balle va heurter le mur frontal au-dessus de la plaque de tôle. Elle termine sa course à l'avant du court, au-delà du prolongement de la ligne médiane.

■ **Dernier exemple d'amortie, tentée en revers à partir de D** (figure 12). Je frappe la balle avec doigté et sans oublier les consignes fondamentales de précision. Quelle est la trajectoire de ma balle ? Elle rencontre le mur latéral gauche, puis elle s'écrase sur le mur frontal, avant de choir sur le parquet, à l'avant du court.

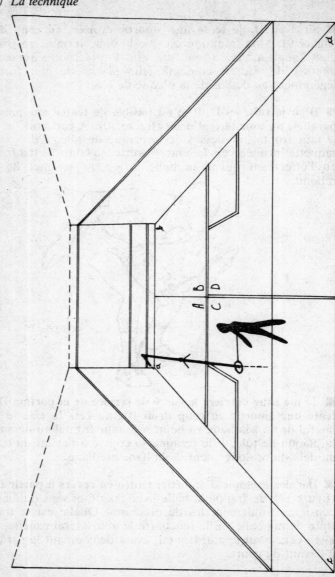

Figure 5 — Amortie du fond du court : coup parallèle en revers.

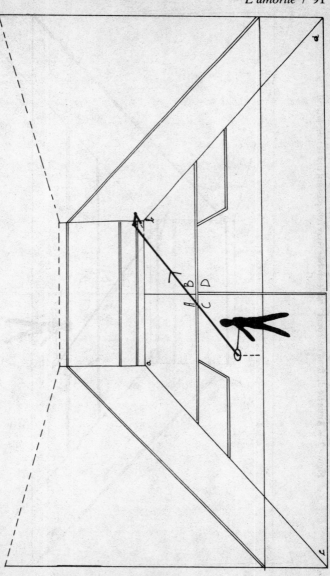

Figure 6 — Amortie du fond du court : balle croisée en revers.

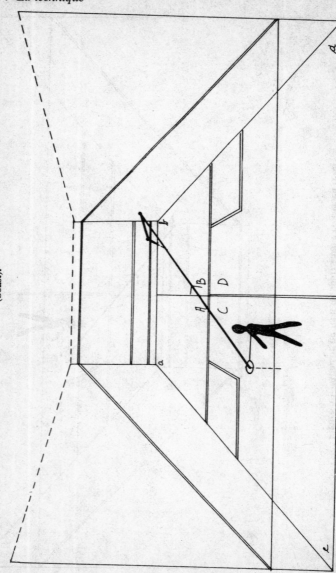

Figure 7 — Amortie du fond du court : balle croisée en revers passant par le mur latéral (boast).

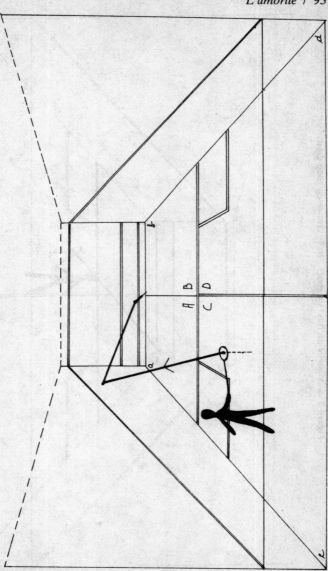

Figure 8 — Amortie du fond du court : coup droit décroisé via le mur latéral (boast).

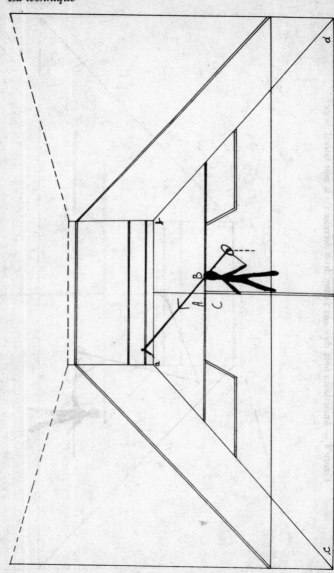

Figure 9 — Amortie du fond du court : balle croisée en coup droit.

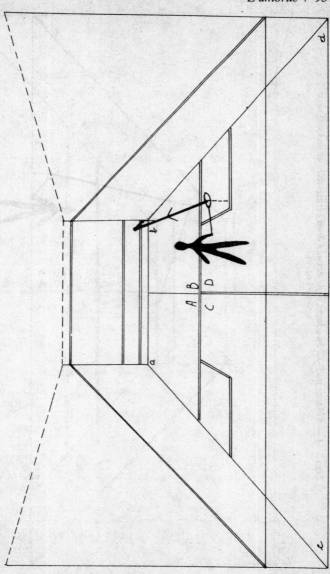

Figure 10 — Amortie du fond du court : balle parallèle en coup droit.

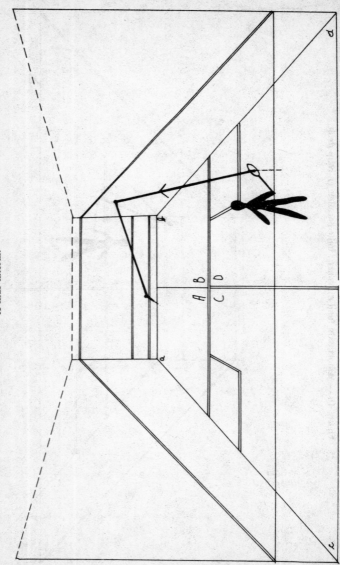

Figure 11 — Amortie du fond du court : balle de coup droit à trajectoire ascendante vers le mur latéral.

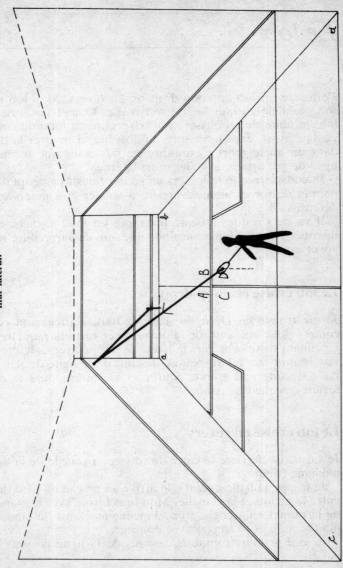

Figure 12 — Amortie du fond du court : balle en revers à trajectoire ascendante vers le mur latéral.

Le lob

J'effectue un lob en coup droit ou en revers. Mon lob sera soit parallèle au mur latéral soit croisé. Quand j'exécute un lob, je tente de repousser mon adversaire au fond du court ; j'essaie aussi, dans la mesure du possible, d'envoyer la balle dans un angle mort c'est-à-dire un des coins que forme la ligne de jeu arrière avec les murs latéraux.

Je considère que le lob est un coup offensif parce qu'il me permet de forcer mon adversaire à reculer et à jouer sur la défensive.

Il va de soi que, lorsque je mijote un lob, je cache mes intentions le plus longtemps possible afin de surprendre mon adversaire.

Le lob croisé en coup droit

Je me trouve en D (figure 1, page 100). J'arme mon coup comme pour une amortie. J'ouvre assez fort ma raquette en l'inclinant fortement vers le haut. Je frappe avec doigté et je vise le mur frontal un peu au-dessous de la ligne de jeu. La balle dessine une grande courbe et va mourir dans le coin arrière-gauche du terrain.

Le lob croisé en revers

Je suis situé derrière le carré de service, à gauche de la ligne médiane (figure 2).

Je frappe la balle quand elle arrive au niveau du pied droit entre le genou et la cheville. Mon bras forme avec le manche de la raquette un angle droit. J'incline assez fort le tamis de ma raquette et je frappe avec douceur.

Je vise le mur frontal au-dessous de la ligne de jeu. Ma

balle va mourir dans le coin arrière-droit du terrain où mon adversaire éprouvera de grandes difficultés à la repêcher.

Lob parallèle en coup droit

Ce coup exige un doigté extraordinaire. Je me situe près du «T», à un mètre en retrait de la ligne centrale, quelque peu sur la gauche de la ligne médiane (figure 3).

La balle rebondit derrière le carré de service droit. Je frappe la balle qui heurte le mur frontal, sur la droite, au-dessous de la ligne de jeu.

Le poids de mon corps porte tout entier sur mon pied gauche et je parachève mon geste en me redressant progressivement.

La balle décrit une belle courbe en longeant le mur latéral droit puis finit sa course dans le fond droit du court.

Lob parallèle en revers

Voilà du travail d'expert. Je l'accomplis avec un bonheur relatif en lançant ma balle en direction du coin supérieur gauche du mur frontal tandis que je me trouve à proximité du carré de service, à la gauche de la ligne médiane (figure 4).

Ma position dans cette portion de terrain m'empêche d'ailleurs de reprendre la balle en coup droit. Ma balle longe le mur latéral gauche et atterrit dans le fond du court.

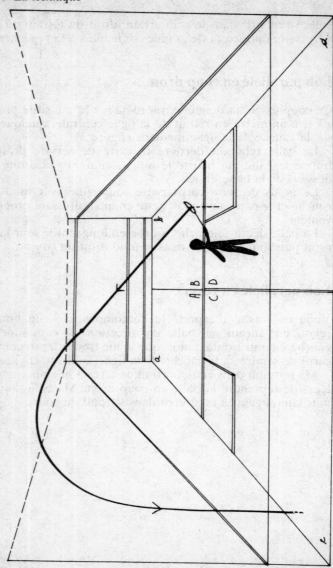

Figure 1 — Lob croisé en coup droit.

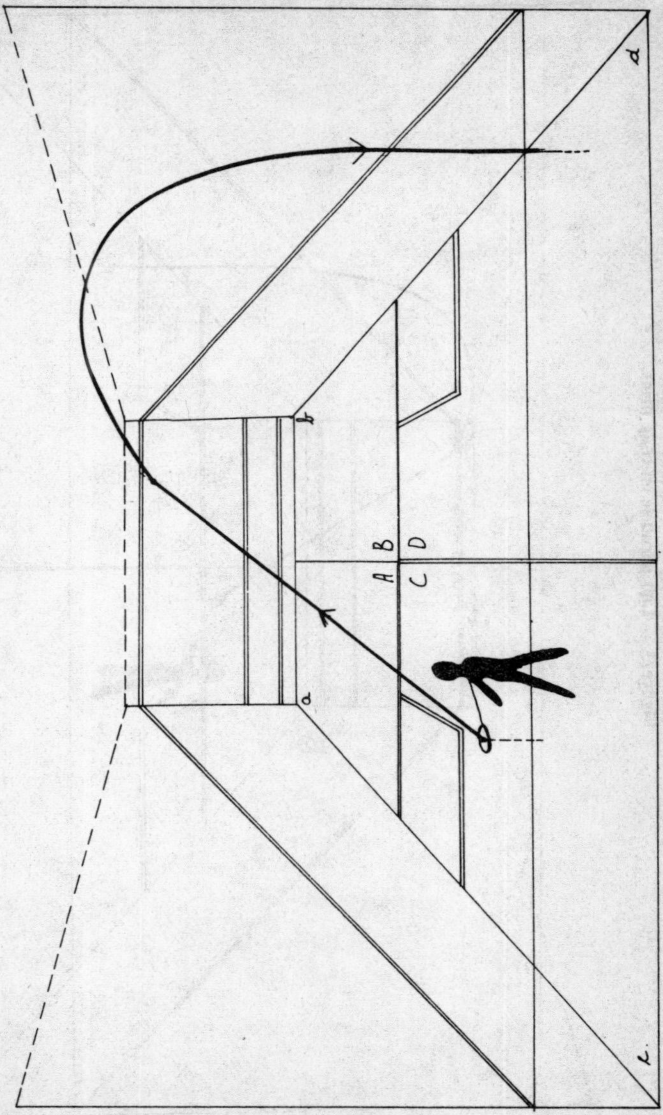

Figure 2 — Lob croisé en revers.

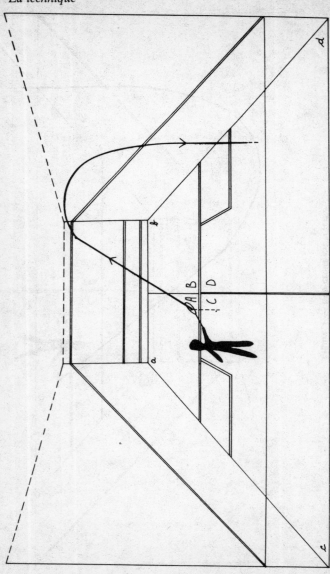

Figure 3 — Lob parallèle en coup droit.

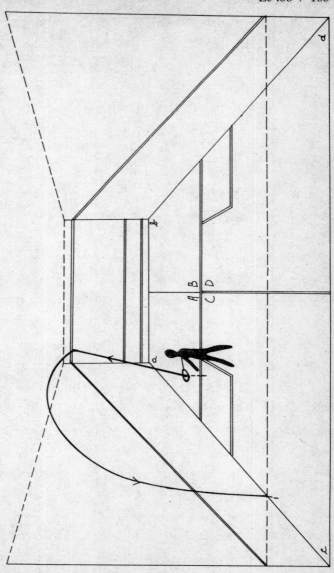

Figure 4 — Lob parallèle en revers.

T comme tactique

T comme Tactique

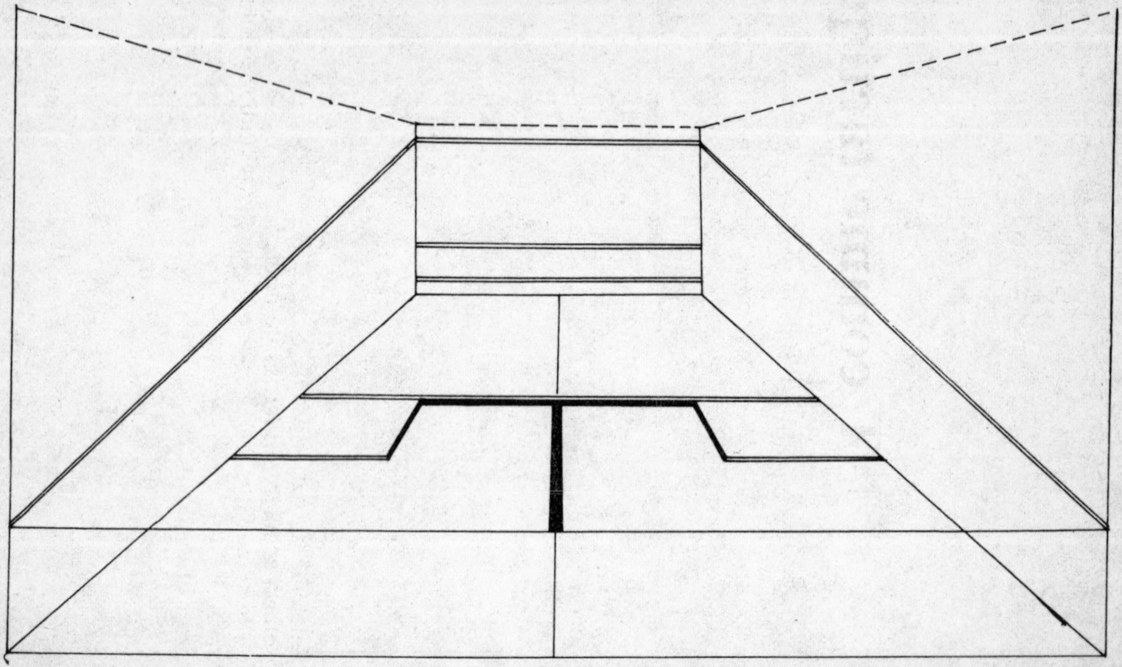

De la technique à la tactique, il n'y a qu'un pas à franchir. Nous allons, dans les pages qui suivent, voir quelle est la taille de ce pas.

D'ores et déjà, il est bon de souligner l'importance de la tactique : que de faiblesses techniques on peut masquer quand on est un maître-tacticien.

Mais ce n'est pas le but de la tactique ! Sa finalité réside en ceci qu'elle rend le squash plus sophistiqué, moins primaire. De temps à autre, vous aurez peut-être l'impression de jouer sur un échiquier...

Même si la tactique est, à l'instar de la vitesse, une qualité innée, elle se perfectionne. La tactique suppose affrontement, duel. Il n'y a pas de règle d'or mais quelques principes généraux qui, s'ils sont appliqués avec opportunité, se révèlent bénéfiques.

Certains joueurs pallient à une mauvaise préparation technique par un bon sens tactique. L'inverse ne se vérifie pas tant le squash fait appel au sens tactique. Les champions, nantis d'une technique sans faille, se livrent une bataille qui, finalement, n'est plus que tactique. C'est à ce moment que le squash acquiert ses lettres de noblesse.

Néanmoins, s'il y a un trop grand déséquilibre technique entre les joueurs, on risque d'assister à une rencontre fade, sans suspense ni intérêt. Dès lors que les adversaires sont de même niveau technique, on peut apprécier leur génie tactique.

■ Le maître-tacticien
Quand un joueur domine d'une façon outrancière, on le soupçonne d'user d'une tactique particulière bien mise au

point et on n'a pas tort.

S'il est une position que je défends à tout prix, c'est le «T», que forme la ligne centrale avec la ligne médiane.

Ma tactique de jeu consistera aussi à tenir mon adversaire au fond du court en lui renvoyant des balles très longues.

J'ai intérêt à faire courir mon adversaire le plus possible. A cette fin, je peux tenter une amortie de manière à ce que la balle retombe à l'avant du court.

Je place autant de balles que possible dans les quatre angles morts ce qui aura toujours pour effet de gêner mon adversaire.

Ma tactique dépend toujours du point où je me situe et du temps de réaction dont je dispose. Je dois savoir instinctivement quand un lob sera plus payant qu'une amortie, ou un boast (balle frappant un des murs latéraux ou arrière) plus rentable qu'une volée.

La tactique, c'est en définitive cette pertinence spontanée du coup, un jugement valable pris en une fraction de seconde.

L'ABC tactique

On acquiert un sens tactique en se rendant capable de décider quel est le meilleur coup à réaliser. Cette décision dépend de trois paramètres :

— placement de l'adversaire.

— possibilités de frappe : volée possible, amortie possible... ?

— but poursuivi : isoler l'adversaire au fond du court, réintégrer soi-même le «T»...

■ **La tactique correspond toujours à vous rendre maître du jeu.** Si elle est servie par une technique affûtée, elle vous permettra de dominer l'adversaire.

Il faut se rendre capable d'atteindre un des 4 angles du court, à partir de n'importe quel point de la surface. D'où que je sois, je dois pouvoir, au moyen d'un lob, d'une amortie ou d'une volée atteindre le point de chute envisagé. A cette fin, il importe que je sente bien la balle, ne la frappant ni trop fort, ni trop faiblement.

■ **Le squash est un sport où prime la rapidité.** Il peut y avoir d'une seconde à l'autre des renversements inattendus de situation. Parfois l'effet escompté n'est pas obtenu et la balle, de difficile qu'on espérait qu'elle soit, devient facile à reprendre.

■ **Tous les coups ne sont pas des coups gagnants, voire offensifs.** Il faut parfois se tirer d'un mauvais pas. On peut ainsi effectuer un lob, uniquement pour reprendre haleine. On peut aussi décider de casser le rythme de l'adversaire. L'important reste, en tout état de cause, de savoir choisir.

Il n'existe pas de coups magiques, rentables à cent pour cent. Le squash en perdrait d'ailleurs tout son intérêt. Quand on joue contre un adversaire audacieux, qui possède une grande faculté de prévoir et donc d'anticiper avec bonheur, il faut pouvoir le dérouter de manière à ce qu'il doute de lui et développe un jeu plus hésitant.

Le retour de service

Mon adversaire est au service. La balle suit donc une trajectoire obligée : elle vole vers l'aire de jeu qui jouxte le carré de service de mon adversaire. Quelle tactique adopter ?

■ **Mon retour de service est fonction de trois paramètres.**
— Sitôt qu'il aura servi, mon adversaire va changer de place, soit en se portant à l'avant du court, soit en reculant.
— Comment a-t-il frappé la balle, avec puissance ou au contraire en effectuant un service lobé.

Le retour de service

A
B
c
D

— Je dois savoir à l'avance, par l'observation de la balle et la réaction de mon adversaire, ce que j'entends faire : isoler mon adversaire à l'arrière du court ou répondre par une volée courte juste au-dessus de la plaque de tôle.

Dans le cas de figure de la page 110, mon analyse sera la suivante :

— Mon adversaire occupe le « T ». Il est prêt à parer à toute éventualité. Il est en position de force et sera difficile à déloger.

— Il a servi avec puissance. C'est une balle longue qui se dirige logiquement vers le fond du court.

Je décide d'isoler mon adversaire au fond du court.

Je suis maintenant en mesure de répondre à ce service. Le raisonnement que je viens de tenir ne m'a pris que quelques centièmes de seconde. En effet, ma tactique est fonction de ma promptitude à bien décider. Si je suis indécis, ne serait-ce qu'une fraction de seconde, je perdrai beaucoup de mon efficacité.

■ Quelle sera ma réaction ?

J'effectue un retour puissant, parallèle au mur latéral. De la sorte, la balle revient au fond du court sans que mon adversaire ait pu la reprendre de volée et il est obligé de déserter le « T ». Ma réaction est donc bonne d'un point de vue strictement tactique. Reste à espérer que je sois parvenu à réaliser ce coup techniquement difficile.

L'occupation du « T »

Nous venons de le voir pour le retour de service, le problème majeur consiste à occuper la position-clé sur le court que constitue le « T ».

Si mon adversaire détient cette position, il convient donc de l'en déloger. Les illustrations des pages 112 à 115 vous donnent le moyen d'y parvenir, en fonction de votre propre position sur le court.

Comment déloger mon adversaire du «T» : lob parallèle en coup droit.

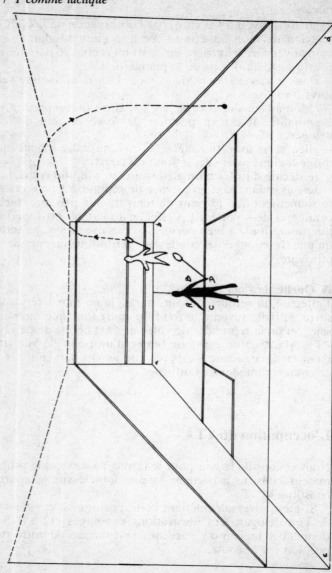

Comment déloger mon adversaire du «T» : lob croisé en coup droit.

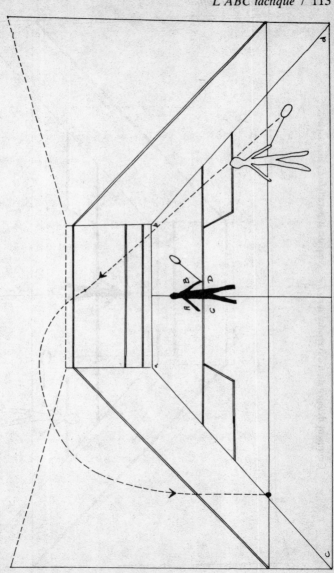

Comment déloger mon adversaire du «T» : coup droit parallèle au mur latéral.

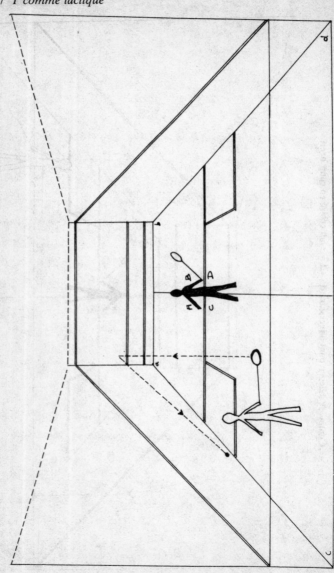

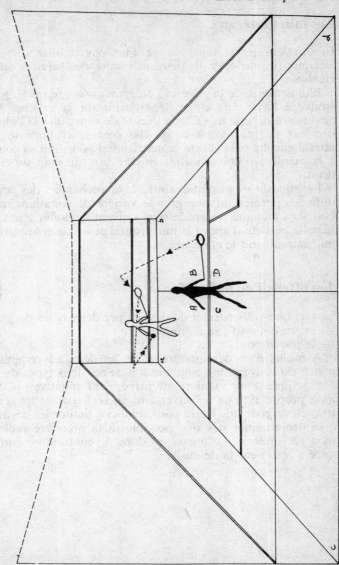

Comment déloger mon adversaire du « T ». Utilisation du mur latéral : amortie en coup droit.

Les murs latéraux

En matière de tactique, il ne faut pas oublier les murs latéraux (ou arrière), ils peuvent rendre des services appréciables.

L'illustration de la page 115 en est un bon exemple : je me trouve à l'avant du court, légèrement sur la gauche. Mon adversaire occupe le «T». Je décide de reprendre la balle en douceur de manière à ce qu'elle percute d'abord le mur latéral gauche puis heurte le mur frontal pour finir sa course, à la manière d'une amortie, en direction du coin supérieur droit.

Le squash se pratique ainsi, à la recherche des angles difficiles permettant une grande variété de situations qu'un bon sens tactique pourra le plus souvent exploiter : soit que la balle percute d'abord le mur frontal avant de rencontrer le mur latéral, soit le contraire.

Jeu offensif ou défensif

La tactique vous permet de développer deux types de jeu :
— le jeu défensif (ou d'attente),
— le jeu offensif.

A moins d'un déséquilibre entre les deux adversaires un match est souvent une combinaison de ces deux types de jeu.

Si je joue d'une manière offensive, j'ai l'initiative : je dicte mon propre rythme à l'adversaire en recherchant un tempo trop élevé pour lui. Reste pour celui-ci à limiter les dégâts et à contre-attaquer dès que possible, à la première faille de mon jeu offensif. Le mieux est donc de contraindre l'adversaire à rester sur la défensive.

La tactique en mouvement

La vitesse joue un grand rôle dans le déroulement d'une partie de squash. Je dois décider en une fraction de seconde du coup à jouer, et cela en fonction de la trajectoire de la balle et de sa puissance mais également en fonction de ma position sur le court ainsi que de celle de mon adversaire.

Il n'existe pas de recette magique qui permette de gagner à tous les coups. Néanmoins, le meilleur moyen d'approcher de cette perfection consiste à développer son sens tactique. Comment? En s'entraînant, en se faisant conseiller par des champions ou encore en étudiant des types de situation, crayon en main.

Voyons donc à présent comment, au cours d'un échange, appliquer les règles tactiques vues précédemment.

Premier échange

■ **Phase 1 : une mauvaise surprise** (voir page 118)
Je me trouve dans la portion de terrain **D**. Mon adversaire s'est porté à l'avant du court, en **B**. Mon intention est de tester ses capacités de réaction : il importe de connaître l'adversaire. Je cherche son point faible.

Je reprends la balle en coup droit, en croisant mon tir de sorte qu'elle finisse sa course en **C**, hors de portée de mon adversaire. A cette fin, je vise le mur frontal, au-dessus de la ligne de service. La balle rebondit sur le mur latéral gauche et mon adversaire doit y aller d'une sérieuse accélération pour sauver la mise.

■ **Phase 2 : boast sur mur arrière** (voir page 119)
Mon adversaire a une accélération foudroyante qui lui permet de me renvoyer l'ascenseur. Je gagne le «T», pour parer à toute éventualité.

Il frappe la balle contre le mur arrière, effectuant là un

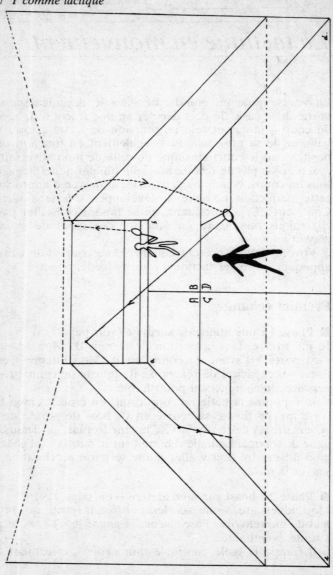

Premier échange — Phase 1 : une mauvaise surprise.

Premier échange — Phase 2 : «boast» sur mur arrière.

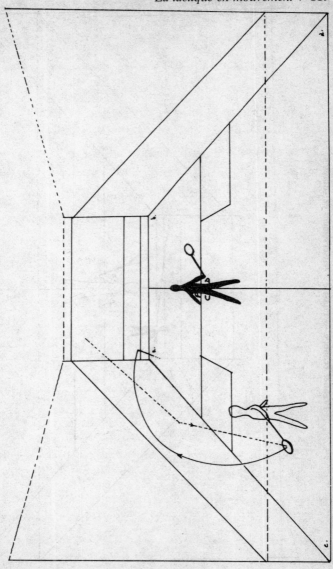

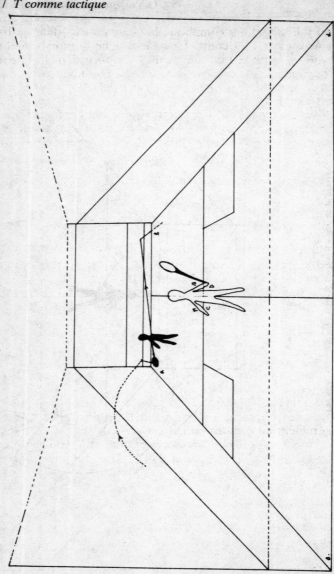

Premier échange — Phase 3 : renversement de situation.

bien joli lob. Il me complique la tâche en expédiant la balle en **A**, à l'avant du court. La balle touche le mur frontal au-dessus de la plaque de tôle avant de mourir dans l'angle **a**.

J'avoue que mon adversaire eut pu tenter un tir «double mur croisé» ce qui aurait eu pour effet d'envoyer la balle dans l'angle **b**.

S'il ne l'a pas fait, c'est certes pour me contraindre à un déplacement plus long et plus éprouvant et sans doute aussi pour m'impressionner psychologiquement avec un «boast sur mur arrière décroisé».

■ **Phase 3 : renversement de situation** (voir page 120)
Parti du «T», il m'est aisé de reprendre la balle dans l'angle **a**, mais je perds une position stratégique.

Mon adversaire migre de son emplacement en **C** vers le «T». Comment reprendre la situation en main ?

J'effectue un tir croisé, légèrement au-dessus de la plaque de tôle. La balle rebondit sur le mur latéral droit pour terminer sa course à l'avant du court, dans l'angle **b**.

J'ai frappé la balle en revers mais j'aurais pu la prendre en coup droit afin d'effectuer un «boast décroisé».

Deuxième échange

■ **Phase 1 : service lobé** (voir page 122)
Mon adversaire choisit le carré de service situé dans la partie **D** du court. Il sert en douceur, sur la gauche du mur frontal, légèrement au-dessous de la ligne de jeu.

Il vient d'exécuter un service lobé, en coup droit de manière à envoyer la balle dans l'angle **c**. La balle touche le mur latéral gauche et meurt effectivement là où mon adversaire le désirait.

Comment répondre à cette politesse ? Il se fait que j'ai assez d'aisance que pour tenter un retour parallèle au mur latéral gauche, au moyen d'un revers qui frappe la balle sur le mur frontal légèrement au-dessus de la ligne de service. La balle longue revient en **C**.

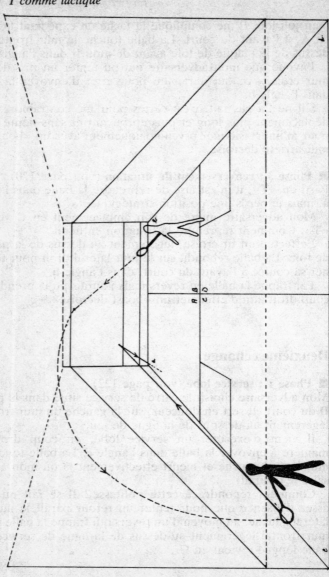

Deuxième échange — Phase 1 : service lobé.

Deuxième échange — Phase 2 : revers d'attente.

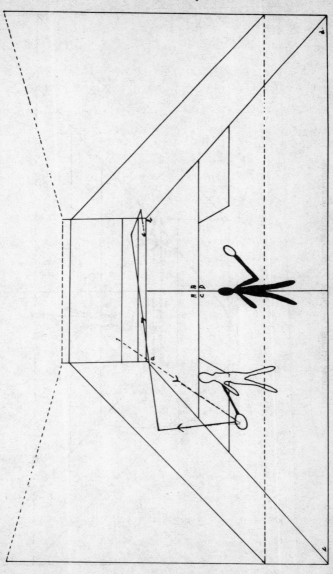

Deuxième échange — Phase 3 : changement de rythme.

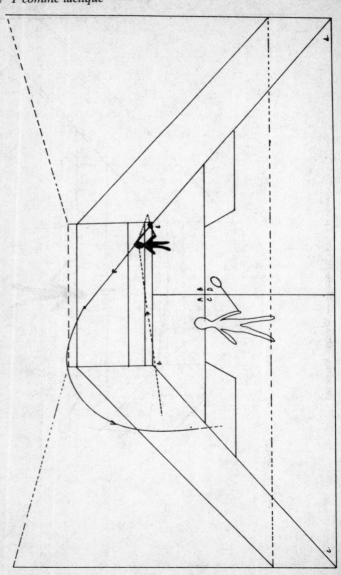

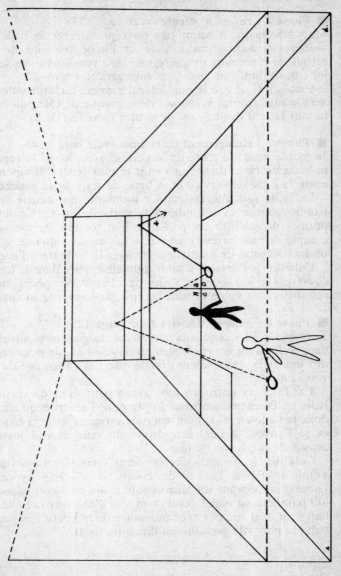

Deuxième échange — Phase 4 : amortie décisive.

■ **Phase 2 : revers d'attente** (voir page 123)
Mon adversaire n'aurait pas pu reprendre cette balle à la
volée, vu sa position initiale et l'imprévisibilité de mon
retour. Il n'escomptait guère une telle réaction à son service
lobé mais plutôt un boast sur mur arrière décroisé.

Placé en **C**, il vise le mur latéral gauche. La balle vole de là
vers le mur frontal au-dessus de la plaque de tôle puis heurte
le mur latéral droit avant de chuter dans l'angle **b**.

■ **Phase 3 : changement de rythme** (voir page 124)
Je monte en **B**. Je tente un lob croisé avec boast. Je reprends
la balle en coup droit, en visant le mur frontal à mi-chemin
entre la ligne de service et la ligne de jeu, sur la gauche.

La balle suit une trajectoire montante qui heurte le mur
frontal gauche et retombe à la verticale en **C**. Ce lob me
permet de souffler un peu mais j'ai tôt fait de me rendre
compte de mon erreur tactique. Il eût mieux valu que je tente
un lob décroisé de manière à envoyer la balle dans l'angle **d**.

Cela dit, je parviens à tenir mon adversaire dans le fond du
court et le lob que je viens de réussir l'empêche de me
retourner une volée brutale ou, pis, une amortie meurtrière.

■ **Phase 4 : amortie décisive** (voir page 125)
J'occupe le « T » et je suis parvenu à éloigner mon adversaire
dans le fond du court. Je suis en position idéale pour reprendre une balle relativement facile que j'ai l'avantage de pouvoir contrôler.

J'ai le choix entre un lob, ayant pour effet d'expédier la
balle en **D**, et une amortie. J'opte pour l'amortie. Je contrôle
donc la balle au maximum, en ouvrant assez fort ma raquette,
et je l'envoie à l'extrême-droite du mur frontal juste au-
dessus de la plaque de tôle.

Cela dit, je n'aurais pas agi de la sorte si mon adversaire
s'était trouvé à l'avant du court. Dans cette hypothèse,
j'aurais été devant un autre choix à opérer : soit réussir un
lob parallèle au mur latéral droit afin d'envoyer la balle dans
l'angle **d**, soit frapper avec puissance de manière à dégager la
balle le plus vite possible en direction de **D**.

Troisième échange

Mon adversaire occupe le «T» et envoie la balle au fond du court. Je me retrouve en **C**. Mon but est bien sûr de chasser mon adversaire du point stratégique qu'il détient.

J'ai le choix entre de nombreuses possibilités. Je choisis une amortie, en frappant la balle avec précision en direction du mur frontal, sur la gauche, de manière à ce que la balle meure avec douceur en **a**.

Troisième échange : amortie en position défensive.

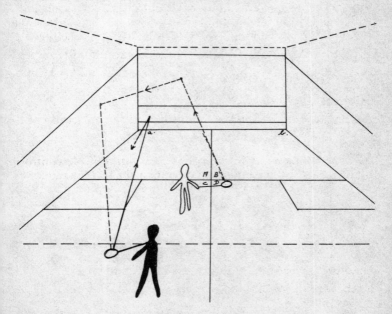

Préparation
et entraînement

La préparation physique

La pratique du squash entraîne une dépense physique à laquelle il importe de se préparer. Vous aurez soin de cultiver toutes vos qualités, autant organiques que d'exécution, telles l'endurance, la souplesse, la puissance et la coordination des mouvements.

L'endurance

L'endurance, c'est l'aptitude à résister à la fatigue. La capacité cardiaque s'en trouve améliorée. Le sang est parfaitement oxygéné.

Votre endurance dépendra d'un ensemble de facteurs physiologiques et anatomiques tels l'âge, le rapport taille-poids, vos habitudes journalières.

Un travail méthodique en endurance vous permettra d'améliorer vos possibilités cardiaques et respiratoires.

■ **Etablissez un programme hebdomadaire** dont vous ne vous écarterez pas.
— *Lundi* : 15 minutes de course légère, en veillant à ne pas dépasser 120 pulsations-minute car au-delà il ne s'agit plus d'un travail d'endurance mais de résistance. Terminez par une accélération progressive, puis faites quelques exercices

d'assouplissement.
— *Mardi :* gymnastique puis 10 minutes de course légère.
— *Mercredi :* 30 minutes de course légère, entrecoupée de périodes pendant lesquelles vous marcherez en travaillant votre souplesse.
— *Jeudi :* 15 minutes de course légère et exercices d'assouplissement.
— *Vendredi :* 45 minutes de course très légère.

L'endurance ne doit jamais être une source de fatigue; elle doit vous aider à récupérer.

L'endurance n'est rentable qu'à long terme. Au début, elle peut sembler pesante ; à la longue, elle devient indispensable, nécessaire, décompressante.

La souplesse

De nombreuses situations solliciteront votre souplesse. Le travail en souplesse vous permettra d'augmenter l'amplitude de vos gestes. L'exécution de vos mouvements s'en trouvera plus gracieuse. Votre style s'épanouira. Vous vous sentirez plus délié, plus élastique.

Cette sensation rejaillira sur votre manière de jouer, vous assurant une plus grande facilité pour les coups difficiles.

■ Quelques exercices d'assouplissement
— Tenez-vous en position debout. Conservez les jambes tendues puis fléchissez le tronc jusqu'à toucher le sol avec vos mains. Recommencez cet exercice sans jamais forcer.
— Couché sur le dos, amenez alternativement vos jambes vers la tête. Toujours couché sur le dos, fléchissez les jambes et amenez-les à la poitrine jusqu'à toucher le sol derrière la tête.
— Couché sur le dos, redressez-vous et allez toucher le bout de vos pieds avec les mains.
— Faites des exercices de rotation. Travaillez les muscles du cou, puis les épaules, en position debout, en tirant les coudes vers l'arrière.

— Mains aux hanches, vous faites un ample mouvement rotatif de manière à faire travailler les abdominaux et à assouplir le dos.

La puissance

Par puissance, entendons l'ensemble de ces qualités qui allient force et vitesse.

La **vitesse** s'obtient par un travail vous permettant d'améliorer votre démarrage et vos déplacements ainsi que l'exécution de vos gestes. Entraînez-vous régulièrement en effectuant des courses à allure maximale sur une distance de 30 mètres.

Pour développer votre force, faites de la musculation : travaillez avec charges. Adaptez les charges à vos aptitudes personnelles.

■ Abdominaux
— Allongez-vous sur le sol, jambes tendues. Portez les mains à la nuque, doigts croisés. Cassez le tronc jusqu'à ce que la tête aille toucher les genoux. Répétez cet exercice.
— Couché sur le sol, effectuez un ensemble d'exercices avec les jambes. Pédalez, faites des petits cercles en conservant les jambes tendues, faites des ciseaux courts ou amples, horizontaux ou verticaux.

■ Membres inférieurs
Entraînez-vous à sauter à la corde. Faites des sauts en extension en conservant les pieds joints.

■ Membres supérieurs
— Faites des tractions en appui sur les mains.
— Exercez-vous avec des balles lestées.

La préparation au jeu

Comment se préparer à la compétition ? Par un entraînement régulier.

■ Entraînement à la technique
— Acquisition d'un style propre.
— Technique de base : exécution des principaux coups (service, coup droit, revers, volée, amortie, lob). Répétez patiemment chacun de ces gestes.
— Technique de pointe : raffinement de la technique de base par enchaînements de coups, déplacements rapides et anticipés, recherche de la précision.

■ Entraînement à la tactique
Cette dernière suppose : une bonne maîtrise technique, une adaptation au jeu de l'adversaire, de la vitesse et de la détente.

En exécutant vos coups, gardez toujours à l'esprit les trois commandements du squasheur :
— Où est mon adversaire ?
— Comment se présente la balle ?
— Quel but dois-je atteindre ?

■ Maintenant que sont établis les principes fondamentaux de tout entraînement, c'est à vous qu'il incombe d'**établir votre programme**. A cette fin, vous devez vous connaître, savoir où vous en êtes d'un point de vue technique, faire le point sur vos faiblesses éventuelles.

Votre programme sera aussi précis que possible de manière à vous assurer une progression constante, pour ne pas dire rationnelle. Il sera affaire de dosage, d'équilibre : vous manquez de vitesse ? Travaillez ce point faible à tous les niveaux : vitesse au démarrage, vitesse d'exécution, dynamisme.

A la longue, vous commencerez à acquérir un style qui vous sera propre. Vous finirez par signer vos coups. Méfiez-vous cependant que votre façon de jouer ne devienne pas stéréotypée et sans originalité. La finalité de l'entraînement n'est pas de fixer en vous une série de réflexes conditionnés qu'une machine accomplirait mieux que vous.

Certes, vous faut-il des réflexes mais ils seront contrôlés ! Votre jeu devient de jour en jour plus aisé et plus varié : vous enchaînez les coups avec un pourcentage de plus en plus élevé de réussite. Vous avez l'œil et vos déplacements sont vifs et déroutants.

■ **L'entraînement à deux** vous permet de mieux prendre la mesure de l'adversaire ; soit que vous simuliez de véritables rencontres, soit que vous répétiez certains coups spécifiques.

Lors de ces petits matchs d'entraînement qui n'ont guère d'enjeu, apprenez à tenter des coups difficiles. Aucune importance si vous les ratez : essayez de changer de rythme brusquement, accélérez le jeu et ralentissez-le à votre gré, faites des lobs dans des positions nouvelles, bref cherchez à affiner votre technique par tous les moyens.

Avant le match : l'échauffement

Soignez votre échauffement avant tout match. Allez-y progressivement, sans forcer, en pensant à toutes les parties de votre corps.

Voici en guise d'exemples quelques exercices utiles.

■ **Travail des épaules** : vous tendez le bras gauche vers le haut et le droit le long du corps. Vous tirez les bras bien tendus vers l'arrière. Recommencez cet exercice en changeant la position de vos bras.

■ **Travail du tronc** : écartez les jambes et élevez les bras à la hauteur des épaules. Effectuez des rotations du tronc en tirant le bras droit vers l'arrière et en ramenant la main gauche en face du menton.

■ **Travail des mollets** : postez-vous en face d'un mur, à un mètre environ, moins si vous êtes de faible taille, plus si vous êtes grand. Vous appuyez le haut du corps contre le mur. Avancez le pied droit et étirez le mollet gauche. Refaites l'exercice avec le mollet droit.

■ **Travail du dos, des quadriceps et des chevilles** : tendez la jambe gauche vers l'arrière et pliez la droite, le talon étant sur la même ligne que l'épaule droite.

■ **Travail de l'avant-bras** : pliez le bras droit derrière la tête. Poussez le coude derrière le dos au moyen de la main droite. Faites le même exercice avec le bras gauche.

La préparation psychologique

Le squash est un sport où la psychologie du joueur est mise à l'épreuve : deux hommes se retrouvent sur une aire de petite dimension où ils vont s'affronter en un combat sans merci. On ne peut que leur souhaiter d'avoir les nerfs solides.

Ils commencent par se juger quand ils ne se connaissent pas. Une question les hante : quelles sont les faiblesses de l'adversaire ?

Le squash, c'est mille fois plus que frapper une balle contre un mur, c'est tout un drame, avec ses surprises, ses coups de théâtre, ses retournements de situation, son suspense, son intensité.

Comment vaincre le trac ?

Vous êtes très émotif et la perspective d'un match jugé important, voire capital, vous paralyse.

A l'approche du match, vous vous sentez défaillir, vos jambes semblent vous lâcher, vos nerfs vous trahissent. Dites-vous bien que le trac n'est qu'un état passager, d'avant-compétition, propre à vous stimuler, plutôt qu'à vous enlever vos forces. Dès que vous êtes en action, le trac disparaît, vous n'y pensez plus, parce que le match requiert toute votre attention. Suivez également les quelques conseils qui suivent.

— *Habituez-vous à respirer profondément*. De la sorte, vous vous sentirez maître de vos forces.

— *Accordez un soin particulier à votre échauffement.* Pensez à votre corps : mouvements des bras, poignets, hanches, chevilles, épaules.

— *Sentez-vous fort.* Dites-vous que vous pouvez vaincre. Ne dites pas : « je **dois** gagner » mais « je **peux** gagner ».

— *Evitez de penser à l'enjeu du match.* Votre trac n'est pas fonction de l'enjeu, comme vous pourriez le croire, mais il correspond à une réaction fondamentale de l'espèce humaine, en tant qu'elle est aussi espèce animale, avec ses instincts, ses réflexes, millénaires, face au danger.

— Si vous choisissez de vous distraire pour échapper au trac, *sachez opter pour un mode de distraction qui ne vous démotive guère* et qui finirait par vous engourdir. Aux conversations distrayantes, préférez les exercices d'assouplissement, effectués en groupe, dans la bonne humeur.

Comment avoir confiance en soi

Il s'agit de se connaître. Vous aurez tôt fait de déterminer vos limites. Ces limites dépendront de votre entraînement, de vos aptitudes et bien sûr des capacités de l'adversaire. Il est bon de connaître ses possibilités pour progresser.

— *N'hésitez pas à rencontrer des adversaires plus chevronnés que vous.*

— *Ne vous sous-estimez pas.* Vous connaissez vos points forts, profitez-en.

— *Développez un jeu varié.* Sachez surprendre. Soignez votre sens tactique. Un bon sens tactique vous permet une grande économie d'énergie que vous pourrez utiliser avec un meilleur rendement au tournant du match.

— *Menez le jeu, imposez-vous.* Montrez-vous maître de vos mouvements, réflexes.

Le fair-play

Au-dessus de toutes les règles, plane un principe fondamental qui est la condition même de tout sport. Le squash exige de la part de ceux qui le pratiquent qu'ils respectent scrupuleusement cette règle de la cordialité.

La tentation de gêner l'adversaire peut exister et on peut y succomber : l'arbitre interviendra alors pour empêcher que le match ne dégénère en un échange de mauvais procédés.

Le fair-play n'est rien moins qu'une question de style : on en a ou on n'en a pas ; mais si on n'en a pas, qu'on le sache et qu'on se retire des courts de squash. La nécessité du fair-play prévaut là où il y a compétition, enjeu, lutte.

Ne perdez jamais votre sang-froid. Votre concentration ne pourrait qu'en souffrir. Restez fair-play et maître de vos nerfs en toute occasion et surtout dans la défaite.

Squash et santé

Ne brûlez pas les étapes. Le squash, pour très facile qu'il semble, demande un temps d'adaptation.

La prudence est de mise et on ne doit jamais oublier qu'on est deux sur un court, côte à côte, et pas seul.

Il n'est peut-être pas superflu de redonner ici quelques conseils certes élémentaires, mais qu'il est bon de toujours avoir présent à l'esprit.

Une bonne condition physique

On ne fait pas de squash pour être en bonne condition physique mais on est en bonne condition physique pour faire du squash.

Une bonne condition physique, c'est la capacité de fournir un effort assez grand pendant un long moment sans éprouver une fatigue exagérée.

■ Deux critères interviennent qui nous permettent d'**évaluer notre condition physique** : l'oxygène et le rythme cardiaque.

Lorsque l'organisme est oxygéné en profondeur, le rythme cardiaque s'élève peu. D'autre part, le joueur qui n'est pas en bonne condition est rapidement essoufflé. L'essoufflement est une défense de l'organisme qui fait appel à une grande quantité d'oxygène pour subvenir à ses besoins. Les muscles qui travaillent sont demandeurs d'oxygène ; les joueurs bien entraînés répondront plus facilement à cette demande.

Comment acquérir une bonne condition physique ? J'effectue des exercices cardio-respiratoires. J'améliore mon tonus cardiaque : mon cœur se contracte avec plus de force. Mes cellules absorbent mieux l'oxygène.

Je fais du jogging. Cette activité physique me permettra de retrouver la forme et de tenir la durée d'un match. A la longue, je me rends compte de l'amélioration de mes capacités : j'en fais plus en suscitant moins de fatigue.

■ On le voit, l'effort physique ne s'improvise pas du jour au lendemain mais exige **une longue préparation**. Quand je produis un effort physique, les battements de mon cœur augmentent, la température de mon corps est en hausse, ce qui entraîne une augmentation des déchets dits de combustion.

Pendant l'effort je me sens essoufflé. Au lieu de 16 respirations-minute, mon rythme respiratoire passe à 30 ou 40 respirations-minute. Suis-je apte à supporter tous ces changements ? Autrement dit, suis-je en bonne condition physique ?

■ Je fais le point : quel est mon état de santé ? Tout doit aller pour le mieux si je respecte **les trois pôles de la santé** : une alimentation équilibrée, quelques exercices physiques quotidiens et du repos en suffisance. Si je ne respecte pas ces préceptes, il est plus que temps de m'y mettre : il n'y a pas de miracle.

■ A ces recommandations générales, il convient que j'ajoute quelques **règles de prudence**, destinées, entre autres, à ceux qui ne sont plus de tout jeunes sportifs.

— Si vous n'avez pratiqué aucun sport depuis longtemps, je vous conseille de subir un électro-cardiogramme au repos et à l'effort. Ce test médical vous permettra de vous rendre compte de l'état de votre cœur, que l'effort contrôlé aura sollicité.

Restez toujours attentif aux différents signaux d'alarme comme certaines douleurs dans la poitrine et sensations de fatigue soudaine.

— Il est déconseillé de pratiquer un sport après un repas. Laissez s'écouler un laps de deux heures.

— On ne se remet en bonne condition physique que d'une manière progressive.

— N'hésitez pas à interrompre une partie si un inconvénient quelconque venait à vous gêner et à vous distraire.

Demandez un temps de repos ou arrêtez.

— Si vous êtes fumeur, ne fumez pas dans l'heure qui suit un match : il n'est rien de plus nocif.

L'hygiène

Le tabac

Faut-il encore insister sur les méfaits du tabac? Non, bien sûr. D'autres, plus ennuyeux que moi, s'en chargeront.

Il est facile de dire : cessez de fumer. Le squash ne s'adresse pas uniquement aux non-fumeurs, il s'adresse aussi aux fumeurs. Vous, les fumeurs, vous souffrirez plus durant les matchs. Vous serez plus vite à bout de souffle. Voici ce que je vous conseille.

— *Ne fumez pas dans l'heure qui précède le match ou l'entraînement.* Cette volonté de ne pas fumer à ce moment-là vous aidera à la concentration.

— *Ne fumez surtout pas dans l'heure qui suit le match ou l'entraînement.* Le corps est toujours sous l'effet de l'effort et les processus de récupération n'ont nul besoin de la cigarette pour fonctionner parfaitement.

Cette période qui suit un effort violent est délicate. Il faut alors s'entourer de soins comme : cesser l'effort graduellement, boire lentement et se doucher.

L'alcool

Je vous parlerai ici de tolérance car l'hygiène d'un sportif de haut niveau ne lui interdit pas un verre de bon vin de temps à autre... ne fut-ce que pour fêter ses succès.

La pratique d'un sport comme le squash, rapide et impardonnable, vous apprend à contrôler ce que vous mangez, buvez. Ainsi apprenez-vous à juger des doses que votre corps tolère sans sombrer dans une apathie générale.

Si vous vous imposez un régime sévère, spartiate, vous aurez vite conscience qu'il faut de temps à autre desserrer la vis afin de ne point perdre une énergie importante à suivre à la lettre des préceptes draconiens que vous finiriez par abhorrer.

■ **En résumé** :
— évitez les alcools forts, concentrés ;
— vous pouvez tolérer le vin et la bière en faible quantité ;
— pas d'alcool la veille d'un match ;
— n'exagérez jamais, l'excès nuisant en tout.

Le sommeil

Le sommeil est affaire personnelle : vous aurez besoin de 7 à 10 heures de sommeil selon votre tempérament, vos facultés de récupération, votre état de santé et votre résistance naturelle.

Ne changez jamais ces habitudes, en vue d'une compétition par exemple, en essayant de dormir deux heures de plus. Apprenez plutôt à vous détendre, physiquement et psychologiquement.

Si vous êtes victime d'insomnies, la pratique régulière du squash finira par juguler cet inconvénient.

La veille d'un match important, vous aurez tendance peut-être à vous sentir nerveux. N'essayez pas de vous calmer à tout prix en absorbant force somnifères : ils ne feraient que vous abattre et diminuer votre condition physique.

Ne craignez pas une nuit blanche, vous n'en ressentirez généralement les conséquences qu'après le match, lorsque votre tension nerveuse aura disparu.

■ **En résumé** :
— conservez vos habitudes de sommeil ;

— apprenez à vous détendre ;
— ne craignez pas les insomnies et ne tentez pas d'y remédier au moyen de somnifères.

La douche

Lorsque vous jouez au squash, vous transpirez beaucoup. La douche vous aidera à reprendre un rythme de transpiration normal, comme lorsqu'on marche ou comme lorsqu'on se livre à des activités assez calmes.

La douche est des plus bénéfiques pour les muscles, qu'elle tonifie, et pour les nerfs, qu'elle détend. Vous devez prendre l'habitude de vous doucher après l'entraînement : c'est une espèce de transition, un retour à la normale dont vous ne devriez pas pouvoir vous passer.

■ **En résumé** :
— douchez-vous toujours après une partie de squash, dans les délais les plus brefs, avant que le corps ne se refroidisse ;
— profitez de ce moment pour vous détendre et regagner un rythme normal d'activité ;
— ne vous éternisez pas après la douche car vous risquez un refroidissement.

L'alimentation

Etes-vous un champion ou un simple adepte, dans la bonne moyenne ? Si vous êtes un champion, vous devez sans doute connaître l'abc de la diététique et surtout l'appliquer.

Si vous êtes un joueur respectable, lisez ce qui suit avec attention. En appliquant les conseils que je vous donnerai, vous ne pourrez qu'améliorer vos résultats et, qui sait, devenir vous-même un champion.

Le squash, en tant qu'il est un sport exigeant, vous obligera à adopter un comportement de sportif. Plus question de fumer. Interdiction de boire à l'excès. Et, ligne de force de ce nouveau comportement : apprendre à bien se nourrir.

Vous aurez soin de votre nourriture le jour où vous aurez pris conscience de ceci : le sport soumet l'organisme à des tensions, des déséquilibres momentanés dont il lui faudra ultérieurement se remettre. Cela s'apprend !

Vous débutez ? Très bien, vous êtes chargé des meilleures intentions du monde. Par exemple, vous cessez de fumer. Vous prenez de nouvelles habitudes, plus saines.

Cette tendance que vous aurez à modifier vos habitudes dans le sens d'une amélioration générale de votre mode de vie touchera vos habitudes alimentaires. Ici, faites attention. Ne brusquez pas. Il ne faut jamais modifier brutalement l'alimentation d'un joueur qui commence à s'entraîner.

Le squash et votre ligne

Aujourd'hui, on ferait n'importe quoi pour perdre un kilo. Et quand on l'a perdu, on ferait n'importe quoi pour ne pas le reprendre. Certes, le squash vous fera fondre comme neige au soleil, il n'en faut pas moins omettre de s'alimenter convenablement. Les conseils diététiques qui suivent sont là pour répondre à vos questions : comment bien s'alimenter, que manger avant un match, quel régime alimentaire suivre en période de compétition ?

La diététique est synonyme de bonne santé et il n'est de sport qui ne lui accorde une large part de son attention.

Cela dit, savez-vous combien de calories vous dépensez en une heure de tennis ? 600 calories. Et savez-vous combien de calories vous aurez dépensé en une heure de squash ? 950 calories.

Voilà de quoi convaincre ceux qui se désolent de traîner quelques kilos superflus.

Que manger ?

La quantité des aliments que vous absorbez ne dépend que de vous. Quel est votre gabarit ? Votre âge ? Votre taille ? Vos activités ? Autant de facteurs qui interviennent. Il y a aussi les facteurs extérieurs : la température, le milieu ambiant...

Le squash suppose une activité intense. Il creusera votre appétit. Veillez à bien adapter la quantité de nourriture à l'effort produit. N'oubliez pas qu'une minute de squash brûle 16 calories.

Le squash entraîne une dépense appréciable de calories mais il est faux de penser que cette dépense favorise un bon nettoyage de l'organisme.

■ **Surveillez votre alimentation sur trois plans**.

1 - Quels aliments choisissez-vous ? Equilibrez vos repas.

2 - Ne mangez pas trop. Sachez quelle quantité vous absorbez.

3 - Répartissez harmonieusement vos repas au cours de la journée.

Il est essentiel de savoir ce qu'on entend par alimentation saine. Manger, c'est satisfaire vos besoins en protéines, en vitamines, en minéraux et en tous autres éléments que votre corps réclame.

Contrôlez votre nourriture de manière à vous maintenir à un poids normal. L'obésité est un état révélateur d'un taux de cholestérol trop élevé.

Evitez de consommer trop d'aliments contenant des acides gras saturés et du cholestérol. Faites aussi attention à ce que les nourritures grasses que vous ingérez soient non-saturées ou polyinsaturées.

■ **Voici un choix des aliments les plus sains.**

☐ *Viandes :* cheval, veau, dinde, poulet, et comme gibier : perdrix, faisan, cailles, canard sauvage, chevreuil.

☐ *Poissons :* tous les poissons, en règle générale ; ils sont de toute manière toujours plus maigres que la viande. Choisissez-les frais.

☐ *Fruits de mer :* palourdes, homards, crevettes. Méfiez-vous néanmoins du cholestérol qu'ils renferment.

☐ *Légumes :* certains légumes sont particulièrement riches en protéines : les haricots blancs, les pois chiches, les lentilles.

Choisissez des légumes frais : ail, artichauts, asperges, brocolis, céleris, champignons, choux, choux-fleurs, choux de Bruxelles, concombres, cresson, endives, épinards, fèves vertes, jaunes, et de soya, laitue, radis et tomates.

☐ *Fruits :* les fruits sont des trésors de vitamines. Ils contiennent des hydrates de carbone à l'état naturel. Mangez quelques fruits une ou deux heures avant votre partie de squash. Le fruit fait partie d'une alimentation saine.

☐ *Pâtes et pain :* le pain donne de l'énergie. Il recèle beaucoup d'hydrates de carbone. Mais attention : il donne du poids. Mangez-le de préférence le matin.

Je recommande les variétés contenant des acides gras saturés en faibles quantités : pain blanc, pain de raisins, pain de blé entier, pain de seigle, pain d'avoine.

Sur le pain, j'aligne d'autres farineux que vous consommerez modérément : le riz, les nouilles, les spaghettis.

☐ *Produits laitiers :* vous utiliserez les produits laitiers à faible teneur en acides gras saturés. Buvez du lait écrémé et mangez du yoghourt à base de lait écrémé. Quant aux fromages, on les recommande également à base de lait écrémé.

Que boire ?

La boisson de base, c'est l'**eau**. L'eau joue un rôle important dans l'organisme. Elle conserve l'élasticité des tissus, régularise la température corporelle, contribue à la nutrition de l'organisme ainsi qu'à l'élimination des déchets.

Dans une journée, vous absorbez deux à trois litres d'eau. Elle s'élimine par la transpiration, la respiration et les voies excrétrices.

N'abusez pas du **café**. Le **thé** n'est pas mauvais, mais prenez-le léger.

Vous éviterez les **boissons gazeuses**, telles les boissons à base de cola. Sucrées, ces boissons contribueraient à vous donner du poids.

Le **vin** a d'immenses qualités et vous le déconseiller m'attirerait les foudres de toute la gent gastronomique française. A petites doses, le vin active la circulation, l'appétit et la digestion. On l'évitera cependant la veille d'un match important.

En compétition

N'envisagez la compétition qu'au terme d'une bonne période de préparation. Vous avez le temps. N'oubliez jamais de bien récupérer. Et que ce soit durant l'entraînement, à la veille d'un match, ou en phase de récupération, soignez toujours votre alimentation.

■ Les protéines
Mangez de la viande plus de trois heures avant votre partie. La viande fournit les protéines ainsi que des acides aminés. La viande vous assurera un bon tonus neuro-végétatif pendant quelques heures.

■ Le sucre
Consommez du miel avant un effort violent. Le miel est rapidement assimilé par l'organisme. Mangez des fruits.

■ Liquides
Les liquides éliminent les déchets dus à la contraction musculaire. Buvez beaucoup d'eau pour nettoyer votre organisme. L'eau véhicule des substances nutritives indispensables à l'organisme comme les hydrates de carbone, les protéines et les vitamines.

■ Sel
Une grosse demi-heure de squash cause une perte de sodium.

Vous pouvez vous retrouver, à la fin d'un match, avec un taux de sodium en-dessous de la normale. N'oubliez donc pas, avant un effort, de prendre des aliments contenant un peu de sel.

■ Les graisses

L'absorption des graisses commence une demi-heure après leur ingestion. Il vous faudra au moins 5 heures pour les assimiler complètement.

Suggestions pour vos menus

■ Votre petit déjeuner

Prenez votre dernier repas copieux trois heures avant la partie de squash. Ensuite, contentez-vous de jus de fruits sucrés au miel. Vous aurez de la sorte un taux de sucre sanguin à un niveau optimum.

☐ *Menu n° 1*
— un ou deux fruits très mûrs,
— un bol de lait bien sucré,
— une portion de bœuf haché, un jaune d'œuf et un peu de sel,
— une salade,
— quelques biscottes au miel.

☐ *Menu n° 2*
— un fruit + jus de fruit,
— thé sucré,
— quelques tranches de pain grillé avec miel, mélasse ou sirop d'érable,
— fromage ou une tranche de jambon.

■ Votre déjeuner

Si votre entraînement se situe dans l'après-midi vers 17 heures, faites, vers treize heures, un repas de 1000 calories, assez salé pour compenser la perte de sel due à la transpiration.

Commencez par des crudités. Préparez-vous une grillade, accompagnée de légumes verts et de pommes-vapeur. Terminez par le fromage et un fruit.

■ En attendant...

Vous prendrez une alimentation facile à assimiler. Point n'est besoin d'insister sur l'avantage des boissons. Rien de tel qu'un bon jus de fruit.

Les accidents

Il n'y a pas de contre-indication médicale à la pratique du squash : laissez donc vos maux de dos au vestiaire et oubliez votre ménisque, vous pouvez squasher avec cette seule réserve que vous aurez, au préalable, fait le point sur votre état de santé (voyez le conseil que je donne au début de ce chapitre, en page 131).

Le squash comporte, comme tous les sports, sa part de risques. Un peu de prudence et on peut les éviter. Un guide des premiers secours s'est glissé dans ce livre pour le cas où vous seriez victime d'une entorse ou d'un malaise cardiaque. Néanmoins, mieux vaut prévenir que guérir.

Jouez la sécurité

■ **Ne perdez jamais la balle de vue**; cela vous évitera de la prendre dans l'œil. Pour les maladroits, rappelons l'existence des lunettes protectrices (voir page 25).

■ **Intériorisez autant que faire se peut les dimensions du court.** Cela vous évitera d'aller percuter les murs en pleine course.

■ **N'hésitez pas à interrompre une partie** si un inconvénient quelconque vous perturbe. Trop de sueur pourrait vous brouiller la vue, vous pourriez vous sentir hors de forme : demandez un temps d'interruption et, si nécessaire, arrêtez.

■ **L'entraînement avec un partenaire exige de vous que vous le ménagiez.** Votre réputation en dépend. Qu'on ne vous baptise pas : «le danger public». De votre attitude générale sur le terrain dépendra le goût qu'on aura, au club, de vous affronter.

Faites ensemble des mises au point techniques comme de décider de 3 minutes de récupération toutes les 10 minutes.

La trousse de secours

La pratique du squash met les pieds et les mains du joueur à rude épreuve. L'entorse vous guette, ou une simple foulure.

Ces petits accidents entravent l'entraînement. Votre adversaire se masse la cuisse : il est victime d'une crampe. Vous tournez désespérément les yeux vers le médecin de service car vous venez de prendre un coup de raquette. On vous dit qu'il n'est pas là. Suivent ici quelques conseils à appliquer en cas de pépins.

■ **Blessure à l'œil**

La pupille de votre œil est lésée. Dans ce cas, couvrez l'œil d'un morceau de coton hydrophile ou de gaze, puis maintenez-le au moyen d'un ruban collant.

Si la pupille a été perforée, il faut hospitaliser d'urgence.

■ **Blessure à la tête**

Le joueur de squash peut recevoir un coup de raquette à la tête ou heurter un mur latéral de la tête dans son élan.

Si le cuir chevelu est déchiré, il faut appliquer une compresse sur la blessure au moyen de gaze aseptisée.

En attendant le transport à l'hôpital, si nécessaire, étendez la victime sur une surface plane, sans rien mettre sous la nuque.

■ Crampes

Le joueur peut être victime de crampes aux bras, aux cuisses ou aux mollets, principalement. La salle est parfois surchauffée, ce qui entraîne une sudation excessive.

Les crampes persisteront si elles sont dues à un excès de fatigue. On les évitera en ingérant du sel sous n'importe quelle forme.

■ Crise cardiaque

Pourquoi ne pas la mentionner? Elle fait partie des maux qui guettent les joueurs ayant perdu l'habitude de l'effort physique mais n'en ayant cure et se lançant à corps perdu dans une partie endiablée.

La crise cardiaque se manifeste par une série de symptômes qui ne permettent aucun doute : douleur à la poitrine, transpiration abondante, peau pâle, essoufflement, nausées puis vomissements.

Comment réagir? On assied le joueur avec un maximum de précautions et on appelle l'hôpital.

Le cas peut s'aggraver dans les secondes qui suivent. Le joueur peut s'évanouir. La respiration artificielle s'impose si le pouls, la respiration et les battements de cœur deviennent imperceptibles.

■ Eclat de bois

Une petite pince suffira généralement pour extraire le morceau de bois qui se serait glissé par mégarde dans la peau d'un joueur. On extraiera le morceau selon l'inclinaison prise au moment de la pénétration dans la chair. Ensuite, on désinfecte : il suffit de laver la plaie.

Quand la petite pince ne suffit pas, on retire la peau qui dissimule le morceau de bois. Pour ce faire, on aseptise une aiguille : on l'immerge dans un peu d'alcool ou on la chauffe.

Ensuite, on met le morceau de bois à jour en perçant la peau progressivement, couche après couche. On n'oublie pas de bien désinfecter.

■ Entorses

Le joueur ressent une vive douleur à la cheville. Cette dernière enfle. Les ligaments ont été distendus d'une manière excessive, à l'occasion d'un mouvement difficile.

Le joueur se met à boîter. Que doit-il faire? D'abord cesser de solliciter le pied enflé, ensuite s'étendre.

On applique un sac de glace sur la cheville, maintenue en position élevée. Ensuite, on conduit le joueur chez un médecin pour s'assurer qu'il ne s'agit pas d'une fracture.

■ Eraflures

On ne les attendait pas et elles surviennent, à l'improviste, impromptues, légères.

Pas de grands mystères quant à leur traitement : on nettoie l'écorchure au moyen d'un savon de préférence iodé et on recouvre l'entaille d'un onguent antibiotique.

Dès que la guérison est amorcée, on passe de l'onguent à des pansements bien secs.

■ Fracture du poignet

Vous tombez sur la main tendue et, résultat, vous vous fracturez le poignet. On applique un plâtre et on le gardera de quatre à six semaines pour clôturer le traitement.

Parfois, cependant, le petit os du poignet est brisé. Une fracture du scaphoïde carpien exige de trois à six mois de patience.

■ Fracture de la rotule

La rotule est un os court, plat, situé à la partie antérieure du genou et qui protège l'articulation. Une chute et vous vous abîmez la rotule... N'attendez pas pour vous munir de béquilles et voyons cela d'un peu plus près.

On traitera une simple fissure de la rotule, par l'application d'un plâtre. Mais l'opération s'impose, s'il s'agit d'une fracture ! Ensuite vient le temps de la réadaptation, qui sera long. Armez-vous de patience.

■ Fracture de la mâchoire

Accident rare. Un coup de raquette, s'il est malencontreux, suffit cependant. Bien sûr, le joueur ne sait plus ni ouvrir, ni fermer la bouche.

On immobilise la mâchoire en la maintenant contre la denture supérieure. Pour réaliser cette immobilisation, on applique un bandage circulaire autour de la mâchoire et de la tête. Ces premiers soins prodigués, on confie le joueur malchanceux aux instances médicales.

Le monde du squash

Sport relativement neuf, le squash possède déjà ses lettres de noblesse et il peut se targuer d'avoir une histoire. Je calme votre impatience en vous la racontant, puis nous tournerons les pages ensemble afin de nous familiariser avec les clubs et, de manière générale, avec tout ce qui, de près ou d'un peu plus loin, touche au monde du squash.

Le court de l'histoire

Comment, où et quand le squash naquit-il? Cette question en intrigue plus d'un pour la simple raison que la genèse d'un sport est parfois surprenante, parfois amusante.

Certains sports mettent des années à naître, d'autres semblent surgir brutalement, sans crier gare, et il en est aussi qui vivent en veilleuse avant le grand réveil.

A l'école ou en cellule?

Là où on met un peu d'histoire, se glissent des théories contradictoires. Pour les uns, le squash est né le plus simplement du monde, d'une manière toute pratique. Il nous vient de Grande-Bretagne où des étudiants jouaient à la balle avec une raquette et contre un mur, jusqu'au jour où, pour défier la pluie et le vent, ils décidèrent de se calfeutrer dans une salle. Les éléments essentiels de ce qui deviendrait, par la suite un sport extrêmement populaire se trouvaient ainsi réunis : la salle, la raquette.

Pour les autres, le squash est né dans les prisons anglaises. Les prisonniers, que les heures d'incarcération écartaient de l'air libre et des exercices physiques qu'on peut y pratiquer transformèrent leur cellule en «courts» et ils y pratiquèrent sommairement ce qui deviendrait le squash.

■ **Repères historiques**
— Lieu de naissance : Angleterre.
— Date de naissance : 1830-50.

La croissance

L'armée prend le relais des étudiants ou prisonniers, et elle propage le squash dans tous les pays que foulent les soldats britanniques. Le squash, s'installant d'abord dans les pays où l'anglais se parle, commence par être un sport essentiellement anglo-saxon.

Le boum australien, pour ne mentionner que la plus retentissante des explosions, se situe vers les années 1960. Les salles fleurissent un peu partout dans le pays et l'Australie, produit une brochette d'excellents joueurs. Elle n'est cependant pas la seule à briguer le titre de nation championne. Que non ! Le Pakistan rivalise en présentant sur les courts des super-champions dont Hashim Khan, maître incontesté de 1950 à 1959.

La Grande-Bretagne se défend, elle aussi. Citons le nom de Barrington Jonah qui fit la loi entre 1966 et 1972, contribuant à rendre le squash plus populaire sur le continent européen.

Aujourd'hui

Le squash a conquis toute l'Europe. Il draine de nombreux adeptes, l'infrastructure suivant bien le mouvement. Des clubs naissent et se développent un peu partout.

La raison d'un tel succès réside dans le fait que le squash s'est bien adapté au rythme rapide de la vie moderne. Une demi-heure de squash et on a perdu 480 calories, une demi-heure étant la durée habituelle d'un entraînement.

Le squash devient un sport de plus en plus populaire et il n'est pas étonnant de rencontrer des compte-rendus de matchs à la page sportive des journaux. Cette publicité vient renforcer le bouche à oreille qui continue de fonctionner à merveille.

L'Europe conquise par ce sport compte déjà plus de 5 millions de pratiquants. Ce chiffre est du reste en évolution constante, exponentielle.

Le Japon est lui aussi gagné par la frénésie. Il est d'ailleurs en train de se doter d'une infrastructure étonnante : 3 à 4000 courts dans les cinq prochaines années.

Le terme même de «squash racket» subit un assaut linguistique prouvant son implantation dans nos contrées. C'est ainsi que l'on parle maintenant de «squash raquette».

Les clubs

Beaucoup de sports d'extérieur ont battu en retraite devant une météo impartiale et se sont retrouvés en salles couvertes : le football s'est fabriqué un cousin germain à son image, le mini-foot, le tennis s'est abrité et même l'athlétisme passe l'hiver, les pieds bien au chaud sur des anneaux de 200 mètres.

Le squash est un sport spécifiquement d'intérieur : il n'a jamais mis le nez dehors et ne le mettra jamais. Voilà ce qui fait sa particularité.

De là vient qu'il s'intègre dans des complexes sportifs mettant tout un environnement à la disposition du squashman ou de la squashwoman : salles de douche, salles d'échauffement, de culturisme ou de musculation, saunas.

Outre cet environnement avantageux, de nombreux clubs ont l'heureuse initiative d'ajouter un lieu de divertissement où les joueurs ont la possibilité de se rencontrer et de se désaltérer. Ainsi le squash s'inscrit-il dans des cadres souvent agréables.

Les avantages

Si on désire faire de la compétition, il est souhaitable de s'inscrire dans un club qui mettra tous ses moyens à votre disposition. Passons ceux-ci en revue.

■ **Les courts :** tous les clubs disposent d'au moins un court de squash, lequel respectera les normes imposées par la Fédération internationale.

■ **Les conseillers :** les clubs mettent à votre disposition des moniteurs, entraîneurs ou conseillers, qui à des heures déterminées donnent des leçons collectives ou individuelles.

Il n'est pas mauvais, de toute manière, en l'absence d'entraîneurs, d'observer les bons joueurs et de leur demander conseil.

■ **Les stages :** de nombreux clubs profitent de certaines périodes de l'année pour donner des cours intensifs basés principalement sur l'enseignement de la technique, des tactiques à adopter et de la manière de s'entraîner.

Ne craignez rien, ces stages ne vous imposeront pas un rythme de vie exagéré. On ne vous demandera pas de faire des matchs à tort et à travers mais on vous aidera à travailler vos points faibles. Ces stages s'étendent sur une durée allant de 3 à 5 jours. Ils sont pour la plupart payants.

■ **Matériel et équipement :** de nombreux clubs sont en mesure de vous fournir non seulement la tenue réglementaire mais aussi la raquette qui vous conviendra le mieux et les balles ad hoc.

■ **Les inter-clubs :** de nombreuses compétitions sont organisées qui vous permettront d'affronter les joueurs des autres clubs. Ces inter-clubs couvrent toute une saison et vous encouragent à jouer assez régulièrement.

Les conditions

■ **Les prix :** ils sont de deux ordres. En premier lieu, l'inscription dans un club donne lieu au payement d'une cotisation. Cette inscription est généralement valable pour un an. Le montant de la cotisation varie d'un club à l'autre mais en de faibles proportions.

A cette cotisation, vient s'ajouter le prix de location du terrain. Celle-ci s'effectue généralement par demi-heure. Certains clubs pratiquent des tarifs différents selon le moment de la journée. Les heures d'affluence, et par conséquent les heures les plus chères, se situent après 17 heures.

Signalons encore que la plupart des clubs accordent des réductions aux joueurs âgés de moins de 18 ans ainsi qu'aux étudiants.

■ **Assurances :** elles sont prises en charge par le club dont vous êtes membre. Néanmoins, de nombreux clubs laissent des non-membres profiter de leurs installations.

Il s'agit toujours de bien s'informer afin de savoir si vous êtes couvert par une assurance en cas de blessures infligées à autrui et dont vous auriez à supporter les charges.

■ **Chaussures :** ne vous étonnez pas si le gérant du club demande à examiner la semelle de vos chaussures avant que vous ne montiez sur le court. Le gérant a la responsabilité de l'entretien et de la conservation en bon état du parquet et il peut, à ce titre, vous refuser l'entrée du court.

Adresses

Il y a dès à présent des clubs dans les principales villes de France et de Belgique. Renseignez-vous auprès des bureaux de tourisme ou auprès des commerçants d'articles de sport.

Si vous n'avez pu obtenir les adresses désirées, écrivez à votre fédération.

■ France
Fédération Française de Squash, 74, Ter Lauriston, 75166, Paris.

■ Belgique
Fédération de Squash Rackets de Belgique, 42, Avenue Dupuich, 1180 Bruxelles.

■ Canada
Fédération de Squash Canadienne, 333, Rivel Road, KIL-8B9, Vanier (Ontario).

■ Suisse
Rackets Association, 123, Nederplatz, 8172, Glatt.

Les classements

De grandes compétitions internationales voient les grands joueurs de réputation mondiale s'affronter devant un public de plus en plus connaisseur. Il ne faut pas oublier que le squash offre un spectacle de choix quand il donne lieu à de tels affrontements. Les spectateurs se répartissent sur des gradins, derrière le mur du fond, en verre. Le squash possède aussi son Wimbledon : le «British Open».

Le classement des meilleurs joueurs mondiaux est tenu à

jour par la Fédération internationale. Vous avez ainsi une idée immédiate de la valeur des joueurs selon la place qu'ils occupent dans la hiérarchie.

Chaque fédération nationale procède de même et établit sa propre échelle de valeur pour les joueurs de son pays.

En France, la Fédération Française de Squash (adresse, en page 164) se charge d'établir ce classement. Elle classe les meilleurs joueurs en séries à l'instar du tennis. Sont aussi repris dans ce classement les joueurs résidant depuis au moins un an en France.

Vous serez classé si vous obtenez trois victoires sur des joueurs classés, à l'occasion de compétitions officielles homologuées. Vous accéderez à une série supérieure en fonction de vos performances réalisées face à des joueurs mieux classés que vous. A l'inverse, vous descendrez en série inférieure selon que vous aurez accumulé les défaites face à des joueurs moins bien classés que vous.

Le classement français comprend les séries suivantes :
— 1re série ;
— 2e série, subdivisée en sous-séries A, B, C ;
— 3e série, subdivisée en sous-séries A, B, C, D.

Petit lexique anglais-français

Le Squash est un sport d'origine anglaise ; de cette origine, il conserve encore aujourd'hui de nombreuses traces, notamment au niveau du vocabulaire. Voici donc une liste des principaux termes anglais que vous êtes susceptibles d'entendre sur les courts, ainsi que leur équivalent français.

Board-tin	Plaque de tôle
Boast	Double mur
Box	Carré de service

Cut line	Ligne de service
Dead knick	Balle morte en angle
Drop shot	Amortie
Fault down	Faute
Game ball	Balle de set
Half-court ligne	Ligne médiane
Hand in	Point pour le serveur
Hand out	Changement de service
Knick	Balle d'angle
Match ball	Balle de match
Not set	Jeu en 9 points
Set two	Jeu en 10 points
Short line	Ligne centrale

Règlement officiel

Qu'on s'en réjouisse : le squash est bien réglementé et on ne risque pas de se trouver devant des problèmes insolubles.

Les règles que je vais vous énumérer (aussi précisément que nécessaire) ont été approuvées par la Fédération internationale de squash rackets (I.S.R.F.). Elles sont en application depuis le 1er janvier 1977 et concernent le jeu de squash rackets joué sur les courts conformes aux normes établies par le *Squash Rackets Association* de Grande-Bretagne.

Ces règles mettent deux points en exergue : le rôle primordial de l'arbitre ainsi que l'importance du fair-play.

Tout livre sérieux parlant du squash se doit de communiquer à ses lecteurs le texte intégral de ces règles. Je vous le livre dans les pages qui suivent : lisez-le, vous en tirerez un bénéfice appréciable.

Règle 1. Le jeu

Le squash se pratique entre deux joueurs avec des raquettes standard et des balles approuvées par la S.R.A., dans un court rectangulaire de dimensions standard, fermé sur les quatre côtés.

Règle 2. Les points

Le match se compose du meilleur de trois ou de cinq jeux selon la décision des organisateurs. Chaque jeu va jusqu'à neuf points : c'est-à-dire que celui qui gagne neuf points a gagné, sauf si, en arrivant à huit partout pour la première fois, le relanceur décide, avant le prochain service, d'aller jusqu'à dix. Dans ce cas, le premier à compter deux points de plus a remporté le jeu. De toute façon, le relanceur doit indiquer son choix au marqueur et à son adversaire.

Remarque pour l'arbitre : si le relanceur ne précise pas son choix avant le service suivant, le marqueur doit arrêter le jeu et le lui demander.

Règle 3. Comment marquer les points ?

Seul le serveur peut marquer les points. Quand un joueur ne donne pas un bon retour ou ne sert pas selon les règles, son adversaire gagne l'échange.

Quand c'est le serveur qui gagne, il marque un point. Quand c'est le relanceur qui gagne, il devient serveur.

Règle 4. Qui doit commencer à servir ?

On fait pivoter la raquette pour déterminer qui sera le premier serveur. Le joueur qui est ainsi désigné continue à servir jusqu'à ce qu'il perde un échange ; c'est alors l'adversaire qui prend le service et ainsi de suite, pendant tout le match.

Règle 5. Le service

La balle, avant d'être frappée, doit être lancée en l'air sans toucher les murs ou le plancher. Elle doit être servie sur le mur frontal de façon à ce qu'elle tombe, si elle n'est pas prise à la volée, sur le plancher dans le quart du court qui touche le mur arrière et qui est opposé à celui d'où est parti le service.

Au début de chaque jeu et chaque fois que le service change, le serveur peut commencer à servir de n'importe quel côté, mais il lui faut ensuite alterner chaque fois jusqu'à ce qu'il perde le service ou que le jeu se termine. S'il se trompe de côté il n'y a pas de pénalité et le service sera valable, sauf si le relanceur le refuse et demande qu'il soit rejoué du bon côté.

Un joueur qui ne dispose que d'un seul bras peut utiliser sa raquette pour projeter la balle en l'air.

Règle 6. Un bon service

S'il n'y a pas faute ou si le serveur n'enfreint pas la règle 9, le service est bon. S'il y a une faute lors du service, il sera repris.

Règle 7. Une faute de service

Un service est mauvais (à moins que le serveur ne perde son service selon la règle 9) si :

a - le serveur n'a pas au moins un pied dans le carré de service dont il ne doit pas toucher la ligne (faute de pied) ;

b - la balle arrive sur ou au-dessus de la ligne de service ;

c - la balle touche d'abord le plancher sur ou devant la ligne centrale ;

d - la balle touche d'abord le plancher en dehors du quart du court prévu pour un bon service selon la règle 5.

Règle 8. L'acceptation d'une faute

Le relanceur peut accepter une faute. S'il essaie de renvoyer la balle, la faute est annulée tout de suite et on continue à jouer. Si le relanceur n'essaie pas de renvoyer la balle, celle-ci ne sera plus en jeu. Cependant si avant d'avoir rebondi deux fois sur le sol, elle touche le serveur, ses vêtements ou sa raquette, le serveur perd l'échange.

Règle 9. Perte de service

Le serveur perd son service et l'échange si :

a - la balle est servie sur ou au-dessous de la plaque de tôle ;

b - la balle n'est ni lâchée ni lancée en l'air ou si elle touche le mur ou le plancher avant d'être frappée ; si le joueur ne réussit pas à frapper la balle ou la frappe plus d'une fois ;

c - il commet consécutivement deux fautes ;

d - la balle touche le serveur, ses vêtements ou sa raquette avant de rebondir deux fois sur le sol ou d'avoir été frappée par le relanceur.

Règle 10. Service à remettre (let)

Un let est accordé dans le cas d'un coup douteux. L'échange ou le service au cours duquel on l'a accordé ne compte pas et le serveur sert de nouveau à partir du même côté. Un let n'annule pas une faute préalable.

Règle 11. Le jeu

Après un bon service, les joueurs renvoient alternativement la balle jusqu'à ce qu'il y ait mauvais retour ou que la balle cesse d'être jouée selon les règles.

Règle 12. Un bon retour

Un retour est bon si la balle, avant de rebondir deux fois sur le sol, est renvoyée par le joueur contre le mur frontal au-dessus de la plaque de tôle, sans avoir touché le plancher, le corps ou les vêtements du joueur, et pour autant qu'elle n'ait pas été frappée deux fois et qu'elle ne soit pas sortie du court.

Remarque pour l'arbitre : toute balle touchant la plaque métallique sera considérée comme mauvaise, que ce soit avant ou après avoir touché le mur frontal.

Règle 13. Comment gagner un échange?

Un joueur gagne l'échange si :

a - le serveur enfreint la règle 9;

b - l'adversaire ne donne pas un bon retour;

c - la balle touche l'adversaire, ses vêtements ou sa raquette, sauf dans les cas où s'appliquent les règles 14 et 15. Si la balle touche le joueur lui-même, il perd l'échange;

d - l'arbitre accorde l'échange, comme prévu dans le règlement.

Règle 14. Toucher l'adversaire avec la balle

Si un retour qui aurait pu être bon touche l'adversaire, ses vêtements ou sa raquette, avant d'atteindre le mur frontal, trois possibilités se présentent :

a - si la balle prenait directement le chemin du mur frontal, sans d'abord toucher un autre mur, le joueur gagne l'échange. Mais si le joueur doit suivre la balle et tourner complètement sur lui-même avant de la frapper, *il y a let*;

b - si la balle atteint le mur frontal après avoir ricoché sur un autre mur, *il y a let*;

c - si la balle ne devait pas produire un bon retour, *le joueur perd l'échange*. De toute manière, la balle ne sera plus en jeu, même si elle atteint le mur frontal.

Règle 15. Plusieurs tentatives pour frapper la balle

Si le joueur rate la balle une première fois, il peut essayer à nouveau de la frapper. Cependant, si la balle touche entre-temps l'adversaire, ses vêtements ou sa raquette, deux possibilités se présentent :

a - si le joueur pouvait réussir un bon retour, on accorde un let ;

b - si le joueur ne pouvait pas réussir un bon retour, il perd l'échange.

S'il frappe finalement la balle, mais qu'elle touche l'adversaire, ses vêtements ou sa raquette avant d'atteindre le mur frontal, on accorde un let et la règle 14a n'est pas appliquée.

Règle 16. Appels

a - On peut faire appel des décisions du marqueur, sauf dans les cas décrits ci-dessous en b-1 et 2.

b - Les règles suivantes s'appliquent aux appels dans la phase du service.
1. Pas d'appel dans le cas des fautes de pied.
2. Pas d'appel si le marqueur annonce «faute» lors du premier service.
3. Si le marqueur annonce «faute» lors du second service, le serveur peut faire appel et, si la décision est modifiée, un let est accordé.
4. Si le marqueur n'annonce pas «faute» ou «hors du court» lors du second service, le relanceur peut faire appel immédiatement ou à la fin de l'échange, même s'il essaie de renvoyer la balle. Si la décision est modifiée, le relanceur devient serveur.
5. Si le marqueur n'annonce pas «faute» ou «hors du court» lors du premier service, le relanceur peut faire appel, à la condition qu'il n'essaie pas de renvoyer la balle.

Si le marqueur n'annonce pas «hors du court» ou «trop bas» lors du premier service, le relanceur peut faire appel immédiatement ou à la fin de l'échange, s'il a frappé la balle. Si l'appel n'est pas accepté, le relanceur perd le point.

c - Un appel selon les règles 12, 16 b-1 ou 16d doit être fait à la fin de l'échange au cours duquel un coup litigieux a été joué.

d - Dans tous les cas où un let est désiré, l'appel doit être adressé à l'arbitre de la façon suivante : «let, s'il vous plaît». Le jeu sera immédiatement interrompu jusqu'à ce que l'arbitre ait rendu sa décision.

e - On ne peut pas faire appel, après un service, contre une faute qui se serait passée avant ce service.

Règle 17. Bonne visibilité et liberté d'action

a - Après avoir frappé la balle, le joueur doit s'écarter le plus possible du champ d'action de son adversaire. Ce qui veut dire que :
1. le joueur doit faire tout son possible pour accorder à son adversaire une visibilité valable de la balle de manière à ce qu'il puisse la viser comme il faut et la frapper ;
2. le joueur doit faire le maximum afin de ne guère gêner ou bousculer son adversaire quand celui-ci tente d'atteindre ou de frapper la balle ;
3. le joueur doit faire le maximum pour laisser à son adversaire, dans la mesure où la position de celui-ci le permet, la liberté de frapper la balle en direction du mur frontal ou des murs latéraux près du mur frontal.

b - Si une interférence de cette nature vient de se produire et si, aux dires de l'arbitre, le joueur n'a pas fait le maximum pour l'éviter, alors l'arbitre accorde l'échange à l'adversaire, que ce soit suite à un appel ou sans attendre l'appel.

c - Cependant si une interférence vient de se produire mais que, aux dires de l'arbitre, le joueur a fait le maximum pour l'éviter, l'arbitre accorde un let, que ce soit à la suite d'un appel ou sans attendre l'appel, sauf si l'adversaire est empêché d'effectuer un retour gagnant à cause d'une telle interférence ou distraction de la part du joueur, auquel cas l'arbitre accorde l'échange à l'adversaire.

d - Malgré tous les points vus ci-dessus, si un joueur est gêné de quelque façon que ce soit par son adversaire et, de l'avis de l'arbitre, est ainsi empêché de réussir un coup gagnant comme vu à la règle 14a, il gagne l'échange.

Remarques pour l'arbitre : gêner l'adversaire dans ses mouvements ou ne pas lui laisser une bonne visibilité de la balle handicape fort le jeu et les arbitres ne devraient pas hésiter à appliquer l'avant-dernier paragraphe de cette règle.
   Les mots «gêner son adversaire» doivent aussi inclure le cas du joueur obligé d'attendre la fin d'un mouvement excessif de la raquette de son adversaire.

Règle 18. Le let lorsqu'il est admis

Malgré tout ce qui est notifié dans ces règles et pour autant que le frappeur ait pu faire un bon retour :

a - un let peut être accordé :
1. si, à cause de la position d'un joueur, l'adversaire ne peut pas éviter d'être touché par la balle avant qu'elle soit frappée ;

Remarques pour l'arbitre : cette règle doit admettre les deux cas suivants :
1) le joueur, placé devant son adversaire, empêche ce dernier de voir la balle ;
2) le joueur commence son mouvement pour frapper la balle et au dernier instant change d'avis préférant la reprendre, après avoir touché le mur arrière, si la balle, dans l'un ou l'autre cas, touche l'adversaire qui se trouve entre le joueur et le mur arrière. Ceci ne doit pourtant en aucune façon entrer en conflit avec les prescriptions de la règle 17.

2. si la balle touche un objet qui se trouve sur le court ;
3. si le joueur se retient de frapper la balle parce qu'il craint de blesser son adversaire ;
4. si le joueur en frappant la balle, touche son adversaire ;
5. si l'arbitre ne peut pas prendre la décision après un appel ;
6. si le joueur laisse tomber sa raquette, pousse un cri ou distrait son adversaire de quelque façon que ce soit et que l'arbitre juge que, vu cette raison, son adversaire a perdu l'échange ;

b - un let sera accordé :
1. si le relanceur n'est pas prêt et n'essaie pas de renvoyer le service ;
2. si la balle éclate pendant le jeu ;
3. s'il y a un bon retour, mais que la balle sorte des limites du jeu après son premier rebond sur le sol ;
4. comme le stipulent les règles 14, 15, 16b.3, 23 et 24 ;

c - un let ne sera jamais accordé dès qu'un joueur essaie de frapper la balle, sauf dans les cas prévus aux règles 15, 18a.4, 18b.2 et b.3.

d - à moins qu'un des joueurs ne fasse appel, aucun let ne sera accordé, sauf si l'on tombe vraiment sous le coup des règles suivantes : 14a et b, 17, 18b.2 et 3.

Règle 19. Nouvelle balle

A tout instant, la balle dès lors qu'elle n'est pas en jeu, peut être échangée contre une nouvelle balle suite au consentement mutuel des joueurs ou sur appel de l'un des deux joueurs avec l'accord de l'arbitre.

Règle 20. Faire des balles (échauffement)

a - Sur le terrain d'un match, l'arbitre doit accorder à chacun des joueurs ou aux deux joueurs ensemble une période ne dépassant pas cinq minutes ou deux minutes et demie à chacun pour faire des balles, immédiatement avant le début du match.

Si on fait des balles séparément, on fait pivoter une raquette pour désigner celui qui commence. L'arbitre accorde une période supplémentaire pour s'échauffer si le match est repris après un temps d'arrêt important.

b - Si une nouvelle balle a été substituée selon la règle 18b.2 ou 19, l'arbitre permettra que les joueurs échauffent la balle. Le jeu reprend selon les indications de l'arbitre, ou plutôt si les joueurs en conviennent ainsi.

c - Entre les jeux, la balle reste en vue sur le plancher du court ; il 'est pas permis de «faire des balles», sauf accord mutuel des joueurs.

f3Règle 21. Dans un match, le jeu doit être continu

Après le premier service, on joue continuellement, tant que cela est possible, étant entendu que :

a - le jeu peut être arrêté à tout moment à cause d'un éclairage défectueux pour une durée que l'arbitre désignera. Au cas où le jeu est arrêté pour la journée, il faut recommencer le match sauf accord mutuel des joueurs ;

b - l'arbitre donnera le match à l'adversaire d'un joueur qui, même après plusieurs avertissements, continue à retarder le jeu pour récupérer ou reprendre souffle ou pour n'importe quelle autre raison ;

c - un arrêt d'une minute sera accordé entre les jeux et un arrêt de deux minutes entre le quatrième et le cinquième jeu d'un match de cinq jeux. Un joueur peut quitter le court durant ce temps mais il sera prêt à reprendre le jeu à la fin du temps accordé.

Lorsqu'arrivent les dix dernières secondes de l'intervalle qui est permis entre les jeux, le marqueur annonce aux joueurs qu'il reste dix secondes afin qu'ils se préparent à reprendre le jeu. Si l'un des joueurs n'est pas prêt, l'arbitre donnera le jeu à son adversaire ;

d - en cas de blessure, l'arbitre peut exiger que le joueur continue ou concède le match, sauf si la blessure a été causée en partie par l'adversaire ou le comportement dangereux de ce dernier.

Dans le premier cas, l'arbitre peut accorder au joueur blessé le temps de se faire soigner et de récupérer et dans le second le match sera accordé au joueur blessé selon la règle 24 c-2.

e - si une balle éclate, une nouvelle balle peut être chauffée comme prévu par la règle 20b.

Remarques pour l'arbitre : l'arbitre qui accorde du temps à un joueur pour soins ou récupération, s'assurera que sa décision ne soit guère conflictuelle avec l'obligation d'un joueur de respecter la règle 21b, c'est dire qu'il doit vérifier que la blessure ne soit pas trop grave et avancée comme motif pour récupérer.

L'arbitre ne devrait pas inclure dans la compréhension des mots «causée en partie par l'adversaire» la situation où la blessure du joueur est la résultante d'un positionnement par celui-ci inutilement proche de son adversaire.

Règle 22. Contrôle d'un match

En règle générale, un match est contrôlé par un arbitre qu'assiste un marqueur. Mais on peut ne désigner qu'une personne pour remplir les fonctions d'arbitre et de marqueur. Lorsque l'arbitre prend une décision, il l'annonce aux joueurs et le marqueur répète cette décision et la marque qui en découle.

Tout joueur peut solliciter un autre arbitre et un autre marqueur que ceux qui ont été désignés, mais cette possibilité cesse quand on n'est plus qu'à une heure du début du match. On pourra donc prendre cette requête en considération et lui donner une suite favorable en désignant le ou les remplaçants ad hoc. Dès que le match a débuté les joueurs ne peuvent plus solliciter pareil changement, sauf de commun accord. Dans l'un ou l'autre cas, la décision qu'on remplacera tel ou tel responsable sera de la compétence de l'arbitre du tournoi, le cas échéant.

Règle 23. Le rôle du marqueur

a - Le marqueur contrôle le jeu et il en fait l'annonce ainsi qu'il fait l'annonce de la marque. Il commence par donner la marque du serveur. Le marqueur, selon le cas, annonce : «faute», «faute de pied», «hors du court», «trop bas».

b - Lorsque, durant le jeu, le marqueur annonce «trop bas» ou «hors du court» l'échange s'arrêtera.

c - Lorsque la décision est changée sur appel, on accorde un let sauf dans les cas prévus par la règle 24b-4 et 5.

d - Tout service ou retour sera considéré comme si rien d'autre n'est signalé.

e - Quand le serveur a servi une première balle en faute sans qu'elle soit comptée, le marqueur répète le score et il ajoute le mot «faute» avant le nouveau service du joueur. Cette annonce doit être répétée si les échanges ultérieurs aboutissent à un let jusqu'au règlement définitif de l'échange.

f - S'il n'y a pas d'arbitre désigné, le marqueur cumulera les fonctions de marqueur et d'arbitre.

g - Si le marqueur n'a pu suivre l'échange suite à une vision bloquée, ou s'il n'est pas sûr de lui, il en réfère à l'arbitre afin que ce dernier prenne la décision qui s'impose. Si l'arbitre en est incapable, on accorde un let.

Règle 24. Le rôle de l'arbitre

a - L'arbitre est celui à qui on fait tous les appels même ceux qui concernent les décisions et les annonces du marqueur. La décision de l'arbitre est sans recours.

b - L'arbitre, en règle générale, n'intervient pas dans les annonces du marqueur, sauf :
1. Lorsqu'un joueur fait appel ;
2. Dans le cas de la règle 17 ;
3. S'il est certain que la marque annoncée est incorrecte. Il doit attirer l'attention du marqueur sur ce fait ;
4. Lorsque le marqueur n'annonce pas «trop bas» ou «hors du court» tandis que sur appel il précise que c'était le cas. L'échange est accordé conséquemment ;
5. Lorsque le marqueur a annoncé «trop bas» ou «hors du court» tandis que sur appel il précise que ce n'était pas le cas, on accorde un let sauf si, aux dires de l'arbitre, l'annonce du marqueur a interrompu un retour gagnant sûr et certain. Dans ce cas, il accorde l'échange, conséquemment ;
6. Dans le cas des délais prévus par les règles et dont il a le devoir d'assurer la stricte application.

c - Dans les cas exceptionnels, l'arbitre a le pouvoir d'ordonner :

1. à un joueur ayant quitté le court de continuer à jouer;

2. à un joueur de quitter le court et d'adjuger le match à son adversaire;

3. qu'on accorde le match à un joueur si son adversaire ne se trouve pas sur le court dix minutes au plus après l'heure qui a été fixée pour le début du match;

4. que le jeu cesse et ceci afin de pouvoir avertir un des joueurs ou les deux joueurs que leur comportement sur le court est de nature à enfreindre certaines règles. L'arbitre n'hésitera pas à user de cette règle dès le moment où l'un ou l'autre des joueurs a tendance à enfreindre la règle 17;

5. qu'on accorde le jeu à l'adversaire lorsqu'au terme d'un avertissement un joueur continue à enfreindre la règle 20 c.

Règle 25. Couleur des vêtements des joueurs

Au cours des manifestations pour «amateurs», celles qui sont sous contrôle de la I.S.R.F., les joueurs sont dans l'obligation de porter des vêtements de couleur blanche. Cependant les officiels de la I.S.R.F. peuvent se permettre de lever l'obligation que prescrit la règle présente. S'ils le désirent, les officiels de la I.S.R.F. prendront la décision d'accepter que soit permis le port de vêtements d'une couleur pastel lors de toute autre manifestation sous leur contrôle. La décision de l'arbitre à ce sujet est sans appel.

Note : en ce qui concerne l'application de cette règle, les chaussures sont considérées comme vêtements.

Table des matières

RÈGLEMENT OFFICIEL 167

Achevé d'imprimer
sur les presses de
SCORPION,
Verviers
pour le compte des
Nouvelles Editions Marabout
D. octobre 1982/0099/173
I.S.B.N. 2-501-00314-4

marabout service

L'utile, le pratique, l'agréable

Sports

Jeux, Loisirs

Maison, jardin, bricolage

marabout flash

L'encyclopédie permanente de la vie quotidienne

Sports et jeux

Maison/Savoir-vivre

Bricolage/passe-temps